바울의 국가관

Paul's Poliiteiā

바울의 국가관(*Paul's Poliiteiā*)

(로마서 13:1~7)

초판 1쇄 발행 2022년 2월 28일

지은이 ㅣ 정대운
발행인 ㅣ 정대운
발행처 ㅣ 도서출판 언약
편 집 ㅣ 김균필
등 록 ㅣ 제 2021-000022호
주 소 ㅣ 경기도 고양시 덕양구 동세로 138 삼송제일교회 1층(원흥동)
전 화 ㅣ 010-2553-7512
이메일 ㅣ covenantbookss@naver.com
ISBN 979-11-973992-9-9 (03230)

디자인 ㅣ 참디자인

정대운 지음

바울의 국가관

로마서 13:1-7

국가의 기초가 '선(善)'이나 '덕(德)'인가
아니면 칼과 무력인가?

Paul's Poliiteiā

언야
THE PURITAN HERITAGE

목차

3. 양심적 국가관과 세금의 문제(롬13:5~7) · 73

4. 칼빈주의와 정치(롬13:1~7) · 95

저자 서문

　그리스도인들, 특히 개신교인들은 정치와 교회의 통치에 대해서 말하는 것이 참 어렵습니다. 정치적인 관점은 불변하는 구원론과는 달리, 시대와 상황에 따라 변하기 때문입니다. 종교개혁자들이 살았던 16세기도 정치적인 문제에 있어서 모범이 되는 시기였다기보다는, 오히려 수많은 폭동이 일어나는 등 극도로 혼란스러운 시기였다고 할 수 있습니다. 그러므로 현시대의 정치에 대해 단순히 이전 세대로부터 내려오는 전통을 답습하는 것으로 기독교적 대답을 했다고 할 수는 없을 것입니다.

　성경에서 바울은 분명히 정부에 대하여 긍정적으로 논증을 하고 있습니다. 정부 관리들은 신적 권위를 부여받고 하나님의 뜻을 실행시키는 명령을 받은 자로, 하나님을 대신하여 이 땅에서 육신을 가진 인간들을 통치합니다.

　그렇다면, 하나님의 뜻에 역행하는 정부 관리의 통치에 대해서는 어떻게 해야 합니까? 성경은 일반적으로 이들에게 복종할 것을 권면합니다.

"너는 그들로 하여금 통치자들과 권세 잡은 자들에게 복종하며 순
종하며 모든 선한 일 행하기를 준비하게 하며"(딛 3:1)

만일 기독교인으로서 우리가 우리나라의 행복과 평안을 위한
다면, 시민으로서의 의무에도 소홀함이 없어야 할 것입니다. 기독
교란 단지 종교 행위에만 국한되지 않고, 전 우주적이며 보편적이
어야 하기 때문입니다. 그러므로 모든 학교와 시장과 기업과 정부
에서 끊임없는 개혁이 이루어져야 합니다.

현재 한국의 정치는 극심한 혼란 상태에 빠져 있습니다. 전임
대통령 중 극단적인 선택을 한 이와 탄핵을 당하여 감옥에 갇혀있
는 상황이 한국 사회를 좌우로 첨예하게 대립하는 구도를 만들었기
때문입니다. 이러한 혼란스러운 시기에 교회가 그 해법을 내놓아야
하는데, 해법은커녕 교계도 방향성을 잃어버리고 말았습니다.

그 과정에서 그동안 수면 아래에 있던 것이 드러났는데, 그것
은 정치적인 성향과 지역색이 종교나 교단, 교리보다 상위에 놓여
있었다는 것입니다. 성도와 성도, 성도와 목사, 목사와 목사 사이
가 하나님의 말씀에 따라서가 아닌, 정치적인 성향으로 서로 나뉘
고 모이면서 재편성되어 가고 있습니다.

이런 상황에서 성도들은 목사들의 정치적인 발언을 싫어하게 되었고, 목사들도 교회에서 정치를 말하지 않는 것이 교회의 평화를 위해 중요한 것으로 여기게 되었습니다.

교회는 성도들의 대부분의 삶의 영역에 대해 가르칩니다. 예컨대, 그리스도인들의 기업 윤리, 노동 윤리, 시간 사용, 재정 사용, 결혼 생활, 자녀 양육 등을 가르치고 있습니다. 그러나 오직 '정치 영역'만은 교회에서 가르치면 안되는 '절대적 치외법권영역'처럼 여겨지는 것이 참 이해할 수 없는 일입니다. 그 결과 가장 첨예하게 대립되는 분야에서 교회는 더이상 입을 열지 못하는 상황이 되어버렸습니다.

이제 교회에서도 성경적 정치관이나 바울의 국가관을 가르칠 때가 왔습니다. 목사들은 바른 정치관을 성도들에게 가르쳐서 교회 안에서 정치적으로 대립하고 반목하는 자들을 말씀으로 이끌어야 합니다. 그리하여 예수 그리스도 안에서 친로마파와 열심당원이 하나가 되었던 현상이 현재에도 동일하게 나타날 수 있어야 합니다. 그 일이 한국 교회 안에 나타나기를 간절히 소망하며, 이 책이 나올 수 있도록 수고해 주신 김우람 집사님과 홍수임 집사님께 감사의 인사를 전합니다.

정대운 목사

추천사

　예수님께서는 "가이사의 것은 가이사에게, 하나님의 것은 하나님에게 내라"(마 15:21)고 말씀하셨습니다. 이러한 대답을 하신 것은 바리새인들이 예수님의 가르침에서 어떻게든지 실수를 유도하고자 하는 "악함"을 파악하셨기 때문입니다. 결국, 가이사가 지배하는 로마 제국은 예수님을 처형하고 말았습니다. 세상 권세와 정치는 이처럼 악하고, 잔인무도합니다. 예수님의 말씀에 따라서 살아가는 현실 속에는 우리가 풀어야 할 정치적인 난제들이 뒤엉켜 있습니다.

　이 책에는 목회자의 안목에서 로마서에 담긴 각종 정치적인 교훈들을 기초로 하는 진지한 도전들이 담겨있습니다. 평소에 우리가 어떻게 살아야 하느냐를 놓고 고민할 때, 국가와 정치에 관한 사항들에 대해서 난관에 부딪힐 때가 많습니다. 이 책의 저자는 한국교회의 성도들에게 감히 말하기 힘든 통찰력과 분별력을 제공합니다. 다만 현재 한국의 정치적 상황이 극렬하게 양분되어 있어서, 이 책이 제공하는 주제들과 관점들에 대해서 호불호가 있을 것이라고 염려됩니다. 부디 한국교회 성도들이 현실적인 정치 사항들에 대해서 성경적으로 판단하고자 노력하기를 바라면서, 저자의 목회적인 안내와 제안을 통해서 큰 유익을 얻게 되리라 확신합니다.

| 김재성 박사 (국제신학대학원 대학교, 부총장 역임. 명예교수)

　　오늘 우리는 정치 과잉의 시대에 살고 있습니다. 어느 곳을 가든지 정치에 대한 견해가 사람들을 나누고 갈라놓습니다. 직장에서도, 친구들 사이에서도, 심지어 가정에서도 정치는 구성원들을 연합시키기보다 분리하고 나누는 일을 하는 것을 쉽게 볼 수 있습니다. 그중에서도 가장 안타까운 것은 교회도 예외가 아니라는 사실입니다. 유대인과 헬라인 사이에 있던 장벽도 허물었던 복음이 오늘날 정치적 이견 앞에서는 맥을 추지 못합니다. 이것이야말로 사탄의 교묘한 수작이라고 확신합니다.

　　이와 같은 현상은 교회 안에 정치에 대한 성경적인 이해가 거의 전무하기 때문일 것입니다. 그 결과 국가란 무엇이며, 국가 안에서 살아가는 시민의 역할은 무엇인지 많은 성도들은 모르고 있습니다. 이는 당연한 현상인데, 그 이유는 앞에서 말한 대로, 정치는 교회를 연합시키기보다 나누기 때문에, 성도들 사이에서 정치적인 이야기를 하는 것이 금기시되어 있기 때문입니다. 특히 개혁주의를 지향하는 교회나 교단에서조차도 정치에 대한 언급을 금기시하고 있으니, 이는 그 자체로 개혁주의에 대한 심각한 오해임이 분명합니다. 이는 오늘날과 같이 정치 과잉의 시대에 목사가 강단에서 선포하는 말씀 속에 정치적인 뉘앙스를 풍기는 그 어떤 말도 반대자들의 반발을 사는 것이 현실이기 때문일 것입니다.

바로 이러한 때에 용기 있게 국가와 정치에 관한 개혁주의적 견해를 강단에서 선포하고, 이를 책으로 묶어 낸 시도 자체만으로도 이 책은 충분히 읽을 가치가 있다고 생각합니다. 저자는 오랜 시간 고심하던 이 민감한 문제를 자신이 지극히 사랑하는 성도들을 향해서 담담하게 풀어내고 있습니다. 이 책 속에서 자신의 성도들의 영혼은 물론이고, 그 육신적인 삶까지도 성경적으로 안내하기를 원하는 목회자의 사랑을 발견할 수 있었습니다.

로마서 13장에 나오는 내용을 중심으로 전개하여 바울의 국가관이라는 제목을 붙였지만, 역사적 개혁교회의 훌륭한 스승들의 견해를 참조하여 개혁주의적 관점에서 국가와 정치를 설명하고 있습니다. 사실 개인적으로 이 책의 모든 내용에 다 동의하는 것은 아니며, 어떤 부분은 저자의 개인적인 해석의 결과가 나타나 있기는 하지만, 개혁파 신학에서 말하는 국가관 혹은 정치관을 구체적인 사례와 더불어 자신의 견해를 제시하기에 우리에게 다양한 생각거리를 던져줍니다. 또한 저자가 개혁신학과 한국 사회가 처한 현실에 대하여 얼마나 깊이 고민하고 연구했는지 그 통찰력이 이 책의 곳곳에 잘 드러나 있습니다. 아마도 이 책을 읽으면 자신이 가진 정치적인 입장에 따라서 다양한 의견이 개진될 수 있으리라 생각됩니다. 더불어, 이것이 성경적인 국가관을 함께 탐구해 나가는 좋은 기회가 될 수 있으리라 생각됩니다. 그런 의미에서 이 책은 개혁주의 국가관 혹은 성경적 국가관을 공유하기 위해서 성도들이 의미있는 대화를 나눌 수 있는 좋은 안내자가 될 것이라 기대합니다.

| 김효남 목사 (은가람개혁교회 목사, 서울성경신학대학원대학교 역사신학 조교수)

요즘처럼 국가와 교회의 관계에 대한 주제가 우리 사회의 중심 화두로 회자된 경우는 일찍이 없었습니다. 전쟁 중에도 중단되지 않았던 예배를 국가 권력이 과연 중단시킬 수 있는가에 대한 현실적인 고민들이 다가왔기 때문입니다.

교황제도 이전부터 긴장의 두 당사자였던 교회와 국가와의 관계는 지금도 여전히 우리 시대의 풀리지 않은 숙제처럼 남겨져 있습니다. 중세 천년은 문화의 암흑기였다고도 하지만, 다른 측면으로 보면 성속(聖俗)간의 대결의 기간이었습니다.

정대운 목사님이 집필한 이 책은 국가와 교회와의 관계에 대한 논제들을 성도들의 삶의 현장에서 답을 찾고자 했던 목회자의 고민이 느껴지는 작품입니다. 성경은 "교회는 세상 속에서 세상을 그리스도로 충만케 해야 하는 곳"임을 선언하고 있고(엡 1:23), 어거스틴은 교회를 세상 속에 있는 하나님 나라의 에이전트(지상 본부)라고 했습니다. 교회와 세상이 분리될 수 없고 상보적 관계로 본 것은 칼빈이었습니다. 더 나아가 교회와 세상의 중심은 예수 그리스도로 동일하기에, 예수님은 교회와 세상, 국가와 교회의 동심원(同心圓)이라고 했습니다.

이러한 성경과 개혁신학의 원리에 혼란을 가져온 것이 여럿 있는데, 그중의 하나가 정교분리이고, 그 반대의 경우가 교회의 정치화입니다. 둘 다 곡해되어 오용된 경우가 있어서 교정이 필요합니다.

저자는 한국 사회에서 그리스도인이라면 당연히 겪게 되는 교회와 국가와의 관계, 그리스도인이자 공민인 우리의 정체성에 대한 고민을 솔직하고도 직관적인 언어로 담아내고 있습니다. 간간이 이견을 제기할 주제도 있지만, 함께 고민하고 가장 성경적인 대안을 향한 여정에서는 모두가 동반자가 되어있음을 알게 될 것입니다.

한국교회가 이 책을 진지하게 읽게 된다면 교회와 국가에 대한 보다 성숙하고 근원적인 자리매김이 될 것으로 기대합니다.

┃ 주연종 목사 (사랑의 교회 부목사)

추천사

미국 건국의 기독교적 근원을 연구한 제임스 버드(James P. Byrd) 교수는 미국의 독립혁명 전후인 1674년부터 1800년까지 543개의 교회 설교에서 인용한 17,148건의 성경구절을 분석했는데, 당시 목회자들이 강단에서 가장 많이 인용한 설교 본문이 바로 로마서 13장이었음을 밝혀냈습니다. 두 번째로 많이 인용된 본문은 출애 굽기 14장과 15장이었고 세 번째로 많이 인용된 본문은 갈라디아서 5장이었습니다. 영국 왕정으로부터의 독립과 새로운 나라의 건국을 갈망하면서 미국인들은 로마서 13장에 나오는 국가관과 출애굽 이야기, 그리고 바울이 갈라디아서에서 설파한 '그리스도께서 주신 자유'를 통해, 자유의 의미와 국가 및 정치의 마땅한 본분이 무엇인지 깊이 고민했던 것을 알 수 있는 대목입니다.

또한 근대 지성사의 세계적 권위자인 켄틴 스키너(Quentin Skinner) 교수는 자유, 평등, 권리와 같은 근대 정치사상의 기초가 르네상스의 인문주의뿐만 아니라 절반은 종교개혁에 있다고 보았습니다. 하버드 대학교 역사학자 에릭 넬슨(Eric Nelson)도 종교개혁에서 시작된 프로테스탄티즘의 법철학과 국가관이 근대 서구 정치 사상과 발전에 결정적인 영향을 미쳤다고 분석했습니다. 근대의 출발이 정교의 분리나 계몽주의 등의 세속적 맥락에서 이루어졌다고 여기는 일반적인 통념은 신화에 가깝다는 것입니다.

이 책에서 저자는 로마서 13장의 내용과 개혁신학에 기초한 성경적 국가관을 충실히 잘 설명하고 있습니다. 특히 저자는 세상의 국가관이 "꼭대기를 하늘에 닿게 하여 우리 이름을 내고 온 지면에 흩어짐을 면(창11:4)"하려고 했던 바벨탑과 "하나님과 같이 되(창3:5)"고자 하는 원죄에 근원이 있다는 것과, 반대로 그리스도인의 마땅한 국가관은 '평등하게 창조된 개인이 창조주로부터 부여받은 양도할 수 없는 일정한 권리를 지키기 위해 정부가 수립되었다(미국 독립선언문)'는 믿음에서 비롯된다는 중요한 사실을 쉽고 명료하게 풀어내었습니다. 정치적 혼란과 국가적 위기의 상황을 맞고 있는 대한민국의 교회와 성도들이 반드시 알고 바로 세워야 할 균형 잡힌 기독교 세계관입니다.

미국의 2대 대통령 존 아담스(John Adams)는 성경을 '가장 공화적인 책(the most republican book)'이라고 말했습니다. 그리고 미국의 헌법은 '도덕적이고 신앙이 깊은 사람들을 위한 것'이라고도 말했습니다. 우리 대한민국의 초대 대통령 이승만도 한성감옥에서 쓴 〈독립정신〉에서 설파했듯이, '나라의 정치가 바로잡히기 위해서는 무엇보다 성경의 진리를 통해 감화된 국민들이 많이 생겨야 할 것'입니다. 그러면 정부는 '스스로 맑아질 것'입니다. 결국 '교회가 정부의 근원'인 것입니다. 이 책의 내용을 통해 한국교회 성도들도 성경을 통해 대한민국 정치를 맑게 하는 데 쓰임받길 기도합니다.

┃ 조평세 박사 (전국청년연합 바로서다 이사/ 기독교세계관 월간지 〈월드뷰〉 편집위원)

01

/

가이사에게
복종해야 하는가?

(롬13:1~2)

1. 가이사에게 복종해야 하는가?

(롬13:1~2)

나의 세계관, 그 출처가 어디인가?

복음 안에서 한 가족인 교회는 신앙의 색깔이 하나 되는 것 못지않게, 세상을 바라보는 눈도 서로 하나 되는 것이 중요합니다. 그래서 저는 로마서 13장 말씀을 근거로, 바울이 전하는 "성경적 국가관"에 대해 전해드리고자 합니다. 로마서 13장의 첫 부분은 바울이 국가와 정치에 대해 직간접적으로 언급한 부분입니다. 그래서 이 부분을 적용할 때 실제 우리나라에서 화제가 되었던 사건이나 인물을 구체적으로 언급할 수도 있는데, 이번 주제가 성경적 국가관인 만큼 이 점은 널리 양해를 구하는 바입니다.

하나님을 모르는 세상 사람들은 기본적으로 성경이 아닌 상식을 삶의 기준으로 생각하지만, 그리스도인은 삶의 기준이 성경인 사람들입니다. 목회자인 제가 강단에서 설교할 때 '상식'을 근거로 설교하지 않듯이, 성도는 목회자나 평신도 모두 상식이 아닌 말씀을 근거로 세상을 바라보는 사람들입니다.

그런데 유감스럽게도 성경은 우리가 어떤 정치 성향을 추구하고, 어떤 정당에 투표해야 하는지 구체적으로 말해주지는 않습니다. 예컨대, 자본주의가 더 복음적인지, 사회주의가 더 복음적인지, 또한 히틀러, 무솔리니, 스탈린 등과 같은 '부당한 정치 지도자'(Unreasonable Authority)에 대해 저항할 때는 어떤 방식으로 해야 하는지 성경은 알려주지 않습니다. 하지만 대한민국에 살아가고 있는 우리에게 좌파와 우파, 이 두 가지 정치경제 사상 중 어떤 것을 받아들일지 결정하고 투표로 선택해야 하는 시간이 찾아옵니다.

'성경적 국가관'에도 교과서와 참고서가 있다

그러므로 우리가 '성경적 국가관'을 논할 때는 다음 비유 속에 담긴 원리를 염두에 두어야 할 것입니다. 예를 들면, 수능을 준비하는 학생은 교과서를 중심으로 공부하지만, 그 내용을 혼자 이해하기는 쉽지 않기 때문에, 학교 선생님과 참고서의 도움을 꼭 필요로 합니다. 이처럼 '성경적 세계관'도 교회 역사상 오랜 시간을 거쳐 검증받고 오류가 적은, 종교개혁자들과 개혁신학자들의 가르침에서 원리를 찾을 때 비로소 올바른 해답을 찾을 수 있습니다. 만약 신자가 비(非)신자들처럼 대중매체나, 인터넷, 지인들과의 대화,

전문가들이 쓴 책만을 토대로 세계관을 정립하고자 한다면, 그것은 실천적 그리스도인의 모습이라 할 수 없을 것입니다.

그러므로 그리스도인이라면 정치 지도자를 선출하기 위해서 단순히 특정 정치인이나 정당의 공과를 분석하는 것이 아니라, 그들이 가지고 있는 세계관이나 철학의 "원리"가 성경에 얼마나 부합하는지를 알아야 합니다. 저를 비롯한 대부분의 성도가 가지고 있는 세계관은 학습을 통해 얻은 것이 아니라 뉴스나 인터넷, SNS, 언론인들의 글을 통해 습득한 정보들이 단순 누적된 것에 불과하기에, 이번 기회를 통해서 종교개혁자들과 개혁신앙의 선배들은 어떻게 성경적 국가관을 배우고 실천했는지 함께 알아가기를 소망합니다. 저는 바울과 가장 근접한 정치관을 제시한 신학자로 존 칼빈(John Calvin, 1509~1564), 아브라함 카이퍼(Abraham Kuyper, 1837~1920)[1], 헤르만 바빙크(Herman Bavinck, 1854~1921)[2], 마이클 호튼(Michael Horton, 1964~)[3]과 개혁주의 목사이며 청교도 신학자인 조

---

1 아브라함 카이퍼(Abraham Kuyper, 1837~1920)는 목회자, 신학자일 뿐만 아니라, 교육가이자 정치가였다. 헤르만 바빙크, 벤자민 B. 워필드와 함께 세계 3대 칼빈주의 신학자로 불린다. 교육, 신학, 정치 등 다양한 분야에서 방대한 분량의 글을 남겼다.

2 헤르만 바빙크(Herman Bavinck, 1854~1921)는 네덜란드 정통 개혁주의 신학자이며 목사이다. 바빙크는 네덜란드에서 수상을 지냈던 아브라함 카이퍼 박사의 뒤를 이어 1902년에 암스테르담 자유대학교에서 교의신학 교수직을 맡기도 하였다. 주요 저서로는 4권으로 된 『개혁교의학』(1928~1930)이 있다.

3 마이클 호튼(Michael Horton, 1964~)은 미국을 대표하는 개혁주의 신학자이며, 다양한 작품을 쓴 저술가이다. 옥스포드 위클리프 홀과 코벤트리 대학교에서 박사학위를 취득했고, 현재 캘리포니아에 있는 웨스트민스터 신학교에서 변증학과 조직신학을 가르치며, 캘리포니아 샌티에 있는 그리스도연합개혁교회에서 협동목사로도 섬기고 있다. 대표 저서로는 『은혜의 복음이란 무엇인가』, 『그리스도 없는 기독교』, 『복음이 이끄는 기독교』, 『약함의 은혜』, 『오디너

엘 비키(Joel R. Beeke, 1952~)[4] 등과 『웨스트민스터 신앙고백서』(*The Westminster Confession of Faith*, 특히 제23장)[5]를 여러분께 추천하겠습니다.

권세(Governing Authority)는 하늘로부터

다시 본론으로 돌아와서, '성경적 국가관'에 대해 바울은 먼저 이렇게 말합니다.

> "각 사람은 위에 있는 '권세'(Governing Authority)들에 복종하라 권세
> 는 하나님으로부터 나지 않음이 없나니 모든 권세는 다 하나님께서
> 정하신 바라(롬 13:1)."

여기서 바울이 말하는 '모든 권세'란 국왕, 대통령, 아버지, 회

리』, 『기독교 신앙의 핵심』 등이 있다.

4 조엘 비키(Joel R. Beeke, 1952~)는 미시간주 그랜드 래피즈에 있는 화란개혁교회의 목사이며, 퓨리탄리폼드 신학교의 학장이자 조직신학 교수이다. 청교도의 신학과 실천에 조예가 깊으며, 개혁신학에 바탕을 두고 실천적 경건을 회복하는 면에 초점을 맞춘 활발한 저술 활동을 하고 있다. 주요 저서로는 『청교도 신학의 모든 것』, 『청교도를 만나다』, 『개혁주의 청교도 영성』, 『영적 침체에서 벗어나는 길』, 『조엘 비키의 교회에서의 가정』, 『사탄과의 싸움』, 『기독교적 삶의 아름다움과 영광』, 『하나님의 약속을 따르는 자녀 양육』, 『청교도 신학의 모든 것』, 『개혁주의 청교도 영성』, 『가정예배』, 『설교에 관하여』가 있다.

5 로버트 쇼, 『웨스트민스터 신앙고백 해설』, 조계광 역, 생명의말씀사, 2017.: 『웨스트민스터 신앙고백서』는 칼빈주의 교리를 하나님의 말씀에 근거해 간결하게 진술한 내용이다. 그뿐만 아니라, 여러 세대에 걸쳐 유포되어 온 이단 사상과 오류를 제거하기 위한 다양한 신앙의 명제를 제시한다. 총회 상정 결과, 이 고백서는 하나님의 말씀에 가장 잘 일치할 뿐만 아니라, 교회의 역사적인 교리와 예배와 권징과 정치와 상충하는 사항이 없는 것으로 판명되었다. 이 고백서는 웨스트민스터 회의(Westminster Assembly, 1643~1649) 기간에 작성된 장로교회의 신앙고백서이다. 원래 영국과 스코틀랜드 청교도들의 교리적 통일과 유럽 대륙 내의 개혁파 교회들과의 연결을 목적으로 작성된 것으로, 1643~1647년에 전문 33장으로 만들어졌다.

사의 CEO 등 인간이 속해 있는 각 집단의 모든 권위자를 가리킵니다. "그러므로 '권세'를 거스르는 자는 하나님의 명을 거스름이니 거스르는 자들은 심판을 자취하리라(롬 13:2)"고 말씀합니다. 이것은 하나님께서 세우신 권위자인 왕을 거스르면 하나님의 심판을 받고, 동시에 왕의 심판도 받는다는 것입니다.

바로 이 부분이 바울이 말하는 '성경적 국가관'의 핵심입니다. 바울은 우리가 '권세자'들을 대항할 수 있지만, 그에 따르는 대가도 함께 기억해야 함을 상기시킵니다. 즉, 국가 권력(권세자들)은 자신들을 대항하는 세력을 얼마든지 처벌할 수 있다는 것입니다.

메리와 존 녹스: 여왕의 백성이냐, 하나님의 백성이냐

1561년 스코틀랜드의 메리 여왕(1542~1587)과 존 녹스(John Knox, 1514~1572)[6]가 충돌하는 사건이 있었습니다.[7] 그 무렵 영국은 '왕이

---

6 오덕교, 『종교개혁사』, 합동신학대학원출판부, 2005, 358.: 존 녹스는 1505년에서 1513년 사이 에든버러에서 가까운 하딩톤(Haddington: 녹스가 태어난 하딩톤은 영국과 스코틀랜드의 국경에 위치하여 늘 전쟁이 빈번하였다. 녹스는 영국과의 관계 개선을 주장하였는데, 이는 그가 자란 환경이 영국과 스코틀랜드의 전쟁터였기 때문이라고 할 수 있다.)에서 빈농의 아들로 태어나 글라스고 대학교에서 수학한 후 천주교회에서 신부 서품을 받았다. 1545년까지 고향에서 공증인 일과 롱니드리(Longnidry)의 더글러스 가문과 오미스턴(Ormiston)의 코크번(Cockburn) 가문의 가정교사로 일하던 중(Knox, 1982, 57n), 순회 설교자 조지 위샤트를 만나 종교개혁사상을 받아들였다. 그 후 위샤트의 지지자가 되어 그가 설교할 때면 검을 들고 호위하곤 하였다.

7 오덕교, 『장로교회사』, 합동신학대학원출판부, 2006, 169~172.: 16세기 중엽, 스코틀랜드는 존 녹스의 종교개혁으로 기독교 국가로 변모하던 중이었으나, 1561년 8월 프랑스로부터 18살의 메리 여왕(Mary of Scots)이 귀국하면서 위기를 맞게 되었다. 메리 여왕은 어린 나이에 프랑스로 가서 로마 가톨릭교회 교육을 받은 철저한 로마 가톨릭 신자였다. 1560년 12월 그녀의 남편이었던 프랑스 왕 프랑수아 2세가 죽자, 다음 해 스코틀랜드로 영구 귀국하였다. 철저한 왕권신수설의 신봉자였던 메리는 귀국과 함께 스코틀랜드에서 절대 왕정을 실현하

교회의 머리'라고 주장하는 헨리 8세(Henry Ⅷ, 1491~1547)[8]의 '수장령 (Act of Supremacy)'을 계승하고 있었는데, 당시 르네상스와 종교개혁 이후 영국도 시민의식이 높아지고 있었지만, 의외로 90% 이상의 시민이 수장령에 동의하고 있었습니다. 그 이유는 여왕이 자신을 가리켜 "하나님을 대신하여 통치하는 자"라고 주장할 때, 로마서

고. 로마 가톨릭교회를 회복하고자 하였다. 먼저 국법이 금지하고 있던 미사를 부활시킴으로 자기 뜻을 펴기 시작하였다. 메리의 미사 제도 부활을 경계하였던 녹스는 그것이 스코틀랜드 에 미칠 영향을 우려하여 앞장서서 비난하였다. 녹스의 비난을 왕권에 대한 도전으로 간주한 여왕은 녹스를 소환한 후 경고하였다. 녹스는 여왕에 대항하여 반란을 일으킬 의사가 없음을 밝힌 후, 신앙 문제에서 자신의 주장이 로마 가톨릭의 주장보다 더 성경적이므로 여왕이 승 복할 것, 만약 국왕이 참된 종교를 박해할 경우, 국민은 왕에 대항하여 무력 항쟁을 벌일 것 임을 밝혔다(녹스의 저항 사상은 칼빈과 메이저(John Major)의 영향이다. 칼빈은 『기독교 강 요』의 마지막 장에서 행정 관료는 폭군을 제어할 수 있다고 하였고, 존 메이저는 『대영국사』 와 『문장론 제4권: 주해』에서 강압적이고, 악한 왕들은 제거할 수 있다고 하였다). 이후에도 녹스와 메리의 싸움은 계속되었는데, 메리는 1563년 스페인의 돈 카를로스(Don Carlos)와 결 혼 계획을 세워 가톨릭교회의 역량을 과시하고자 하였다. 이에 녹스는 그들의 결혼이 스코틀 랜드에 미칠 영향력을 우려하여 적극적으로 결혼을 반대하였다.

8 오덕교, 『종교개혁사』, 합동신학대학원출판부, 2005, 380~387. : 영국의 종교개혁은 헨리 8세 에 의하여 시작되었다. 헨리 8세는 1503년 교황 율리우스 2세(Julius Ⅱ)의 주선으로 7살 연 상이었던 캐더린(Catherine of Aragon)과 결혼하였다. 캐더린은 스페인에 속한 아라곤 왕국 의 공주로, 헨리의 형 아서(Authur)의 아내였다. 영국 교회 지도자들은 캐더린과 헨리의 결 혼에 반대하였지만, 교황 율리우스 2세가 스페인의 영향력을 의식하여 두 사람의 결혼을 성 사시켰다. 이때만 해도 헨리 8세는 철저한 교황청의 시녀였다. 헨리 8세는 유능한 정치를 도 모하여 경제적, 사회적 안정을 이루었지만, 통치 중반기부터는 후계자 문제로 교회와 갈등을 겪었다. 당시 국제적인 상황이 막강한 지도력을 갖춘 통치자를 요구했지만, 그에게는 계승할 남아가 없었기 때문이다. 그는 캐더린과의 사이에서 6명의 자녀를 낳았지만 메리를 제외하 고는 사산하거나 유아기에 죽었다. 캐더린이 더 이상 아이를 낳을 수 없게 되자, 헨리는 그녀 와 이혼하고 새 왕비를 통해 건강한 남자아이를 얻어서 왕실을 상속시키고자 하였다. 그리하 여 헨리는 1527년부터 교황청에 이혼을 청하였다. 그러나 이혼 소송이 기각되자, 헨리는 교 황청과 단교하는 길을 택하였다. 헨리는 궁지에서 벗어나기 위해 반(反)로마 정책을 강화하 였다. 사제들이 면죄의 대가로 거금을 착취하고, 교황을 황제보다 높이는 등 반역을 일삼는 현상을 지적하고, 1531년 요크와 켄터베리 대주교 회의를 열어 자신이 "영국 교회와 성직자 들의 유일한 보호자요 머리"라고 선언하였다. 하원은 주교회의의 결정을 받아들여 1532년 5 월에 왕이 교회를 다스릴 수 있다고 결의하였고, 대주교 회의는 왕의 허락 없이는 새로운 교 회법을 만들 수 없다고 선언하였다. 헨리 8세는 1534년 의회를 설득하여, 왕이 '영국 교회의 유일한 최고의 머리'이고, 이단과 악습을 교정할 수 있는 권세를 가진다고 선언하는 '수장령 (Act of Supremacy)'을 통과시켰다. 이로써 헨리 8세는 교황의 지배권을 부인하고 자신이 교 회의 머리됨을 선언하였으며, 교황권을 주장하는 자를 반역자로 처벌하고 세속권만 아니라 교회도 장악하게 되었다.

13장 말씀을 오용하여 명분을 내세웠기 때문입니다.

그리하여 이것은 1500년대 영국에서 활발하게 벌어졌던 신학 논쟁의 핵심이 되었습니다.[9] 이 논쟁에서 영국 왕실의 반대편에서 맞선 사람들이 바로 종교개혁의 정신을 계승하는 개혁주의 신학자들이었으며,[10] 존 녹스도 그 대표적 인물입니다. 그는 메리 여왕을 향해, "왕은 하나님을 대리하는 자이기 때문에, 백성 또한 여왕의 백성이 아니라 하나님의 백성이고, 왕이라도 하나님의 법을 지키지 않으면 저항을 받게 될 것"이라고 경고합니다.[11] 이것 때문에 존

---

9   김재성, 『청교도, 사상과 경건의 역사』, 세움북스, 2020.

10 서창원, 『죽었으나 말하는 언약도들』, 진리의깃발, 2021.

11 스탠포드 리이드, 『존 낙스의 생애와 사상』, 박종호, 서영일 역, 기독교문서선교회, 2016, 137~194.
오덕교, 『종교개혁사』, 363~364.: 녹스는 1558년 영국과 스코틀랜드에서 여성에 의해 가해지는 종교적 탄압에 반대하는, 『괴물 같은 여성 통치에 대한 첫 번째 나팔 소리』(First Blast of Trumpet Against the Monstrous Regiment of Women)를 저술하였다. 그는 "자연의 빛에 확실히 비추어 본 규칙과 법률들에 의하여, 하나님이 창조하신 만물의 질서에 의하여, 여인들을 향한 저주와 비하에 의하여, 하나님의 율법과 법규의 해석자인 성 바울의 가르침에 의하여, 하나님의 교회에서 가장 존경받아 온 저자들의 지혜에 의하여, 여인들의 지배는 자연에 어긋날 뿐만 아니라 하나님의 뜻과 율법에 역행하는 것임이 분명하다. 여인이 국가와 제국을 손에 넣고 지배한다거나, 국가, 영지, 지방, 도시의 통치자가 된다는 것은 하나님을 모욕하지 않고는 행해질 수 없는 행위이다"라고 지적하였다(Reid, 1984, 186). 영국에서 '피의 메리'의 통치와 스코틀랜드에서 기즈(Guise) 메리의 지배를 비정상적인 것으로 간주하여 괴물 같은 것으로 비유하였고, 이러한 통치에 대한 백성의 각성을 촉구한 것이다. 그는 다음과 같이 주장했다: "(1) 단지 왕가에 태어났다는 것 때문에 왕이 그리스도인 백성을 다스릴 수 없으며, 하위 재판관들을 선거에 의해 뽑도록 하는 하나님의 법처럼 왕도 선거에 의해 선출되어야 한다. (2) 일단 예수 그리스도를 주로 인정한 나라에서는 공개적인 우상 숭배자를 공직에 임명할 수 없다. (3) 하나님과 양심을 거스르면서 폭군들에게 복종할 수 없고, 폭정을 유지하고자 하는 경우 서약을 지킬 필요가 없다. (4) 만약 국민이 모르고 우상 숭배자를 통치자로 선출하였다고 할지라도 나중에 사실이 드러나면, 백성은 그의 지위를 박탈하고 처벌할 수 있다."(Reid, 1984, 190) 이와 같이 녹스는 왕권신수설에 대항하여 통치권의 제한, 탄핵의 정당성, 법치주의를 주장하였다.
녹스의 시민 불복종 사상은 크리스토퍼 굿맨(Christopher Goodman, 1520~1603)의 사상과도 일맥상통한다. 굿맨은 1558년에 쓴 『어떻게 위에 있는 권세에 복종할 것인가?』(How Superior Powers Ought to be Obeyed)에서 다음과 같이 말했다: "이렇게 모든 인간에게 부여된

녹스는 왕실의 탄압을 받게 됩니다. 우리가 진지하게 고민할 부분도 이것입니다. 그렇다면 그리스도인은 과연 ⑴ 어느 정도의 수준까지 국가 권력에 복종해야 하는가, 그리고 만약 저항한다면 ⑵ 어떤 방식으로 ⑶ 무력은 어느 정도까지 사용하여 저항권을 행사할 것인가가 우리가 당면한 숙제입니다.

'부당한 정치 지도자'(Unreasonable Authority)의 문제

이 문제 역시 가장 좋은 본은 구약 성경에서 찾을 수 있습니다. 성경에서 악한 권세자의 예시로 가장 먼저 등장하는 인물은 이집트의 바로(Pharaoh) 왕일 것입니다. 바로는 비합법적인 수단으로 유대인을 노예로 삼고, 출애굽을 요구하는 모세를 10번이나 기만하였습니다. 그렇다면 이런 바로 왕은 하나님의 종이라고 할 수 있을까요, 아니면 악한 마귀의 종이라고 해야 할까요? 바로 왕과 같이 '사악한 권세자(부당한 정치 지도자)'에게도 우리가 순종해야 할까요? 이 문제에 대하여 바울은 로마서 9장 17절에서 다음과 같이 이야기하고 있습니다.

하나님의 율법과 법령을 지키려는 열정은 모든 사람 안에서 권장되어야 할 뿐만 아니라 그 율법과 법령을 통한 재판이 모든 유형의 사람들에게 예외 없이 시행되는 것을 모든 사람에게 보게 해야 한다. 그리고 만약 그것이 고위층이 찬성과 도움에 의해 시행되지 않는다면, 국민이 일어나서 모든 썩은 부분을 도려내는 것이 합법적이다. 사실 이것은 지배자와 공직자들만이 아니라 다른 형제들에게 부여된 의무인 것이다"(Bainton 1993, 216).

"성경이 바로에게 이르시되, 내가 이를 위하여 너를 세웠으니, 곧 너로 말미암아 내 능력을 보이고 내 이름이 온 땅에 전파되게 하려 함이라 하셨으니(롬 9:17)."

여기서 "성경"은 출애굽기 9장 15~16절을 가리키고, "내가"는 하나님, "너"는 애굽 왕 바로를 의미합니다. 이 말씀에 따르면 바로 왕을 세우신 분이 하나님이심을 우리는 금세 알 수 있습니다. 그리고 더 나아가 하나님이 바로를 왕으로 세우신 목적이 있고, 그것은 하나님의 이름이 온 땅에 널리 전파되게 하려는 것이었음을 확인할 수 있습니다.

또, 성경에 나오는 '사악한 권세자' 중에는 바빌로니아의 느부갓네살(Nebuchadnezzar) 왕을 빼놓을 수 없을 것입니다. 그는 얼마나 악랄한 왕이었는지, 예루살렘을 침공할 때 성전의 금은보화와 벽에 붙은 금박까지도 다 뜯어 갈 정도였습니다. 하지만 그러한 느부갓네살 왕을 세우신 분 역시 하나님이라고 다니엘 4장은 말씀합니다.

"이는 순찰자들의 명령대로요 거룩한 자들의 말대로이니 지극히 높으신 이가 사람의 나라를 다스리시며 자기의 뜻대로 그것을 누구에게든지 주시며 또 지극히 천한 자를 그 위에 세우시는 줄을 사람들이 알게 하려 함이라 하였느니라(단 4:17)."

느부갓네살을 왕으로 세우기도 하고 폐하기도 하는 분이 여호와 하나님이시라는 것입니다. 심지어 느부갓네살 본인도 이것을 직접 시인합니다.

"그 기한이 차매 나 느부갓네살이 하늘을 우러러 보았더니 내 총명이 다시 내게로 돌아온지라 이에 내가 지극히 높으신 이에게 감사하며 영생하시는 이를 찬양하고 경배하였나니 그 권세는 영원한 권세요 그 나라는 대대에 이르리로다(중략) 그러므로 지금 나 느부갓네살은 하늘의 왕을 찬양하며 칭송하며 경배하노니 그의 일이 다 진실하고 그의 행하심이 의로우시므로 교만하게 행하는 자를 그가 능히 낮추심이라(단 4:34, 37)."

하나님이 누구를 왕으로 세우시고 폐하시든 항상 의로우심을 그는 눈물로 고백하였습니다.

예수님도 빌라도에게 순복하셨다

이제 우리는 예수님께서 '부당한 정치 지도자'의 문제를 어떻게 접근하셨는지 알아볼 필요가 있습니다.

"예수께서 대답하시되 위에서 주지 아니하셨더라면 나를 해할 권한이 없었으리니 그러므로 나를 네게 넘겨준 자의 죄는 더 크다 하시니라(요 19:11)."

여기서 놀라운 것은 빌라도와 같은 '권세자'는 일반인을 처벌할 수 있는 합법적 권한을 가지고 있다는 것입니다. 그리고 이 말씀에 비추어 본다면 법원의 판결에 불복하는 것은 기본적으로 성경의 원리에 어긋나는 주장이 되는 셈입니다. 판사의 판결권은 하나님께서 그들에게 주신 고유한 권한이기 때문에, 설령 그들이 어떤 이유에서건 우리가 납득할 수 없는 판결을 내려도 거기에 순복해야 한다고 성경은 말씀하고 있습니다. 종종 유명인사들이 어떤 재판에 관하여 자신들의 의견을 표명할 때, 마음에 품고 있던 불만을 뒤로하고 "판사의 판결을 존중한다" 혹은 "재판 결과에 순복한다"라고 말하는 이유도 바로 이 때문입니다. 예수님조차도 빌라도의 '권세'는 하나님께서 주신 것이기에, 그가 예수님을 심문하고 재판하는 것은 합법적이라고 하셨습니다. 죄가 있다면, 무고한 예수님을 빌라도의 법정에 서게 한 것도 모자라 예수님을 석방하려는 빌라도를 향해 격렬하게 저항한 유대인들에게 있을 것입니다.

"그러므로 나를 네게 넘겨준 자의 죄는 '더' 크다 하시니라(요 19:11

하반절)."

유대인의 무고죄, 빌라도의 책임이다

그런데 여기서 한 가지 더 기억해야 할 것은 예수님이 자신을 넘겨준 자들의 죄가 그냥 큰 것이 아니라, '더' 크다고 말씀하셨다는 것입니다. 여기 나오는 '더'는 특별히 다음과 같은 중요한 의미를 지닙니다. 빌라도가 예수님을 심문하고 재판할 '권세' 그 자체는 하나님이 주신 고유한 권한이므로 무결무흠(無缺無欠)하지만, 권세자 빌라도가 그것을 부당하게 행사하거나 잘못된 판결을 내린다면 그 책임은 이제 유대인이 아니라 빌라도에게 넘어간다는 의미입니다. 오판을 내리기 전까지는 빌라도에게 죄가 없지만, 예수님에 대해 오판을 내리게 된다면 그때부터는 유대인이 아닌 빌라도가 예수님을 십자가에 못 박은 것이 됩니다. 이처럼 모든 '권세자'는 하나님의 허락하신 권세를 오남용할 때 그에 상응하는 대가를 치르게 되며, 심지어 자신들의 권세에 순복했던 대중의 과오까지도 그들의 몫으로 돌아간다는 점을 명심해야 할 것입니다.

펜은 칼보다 성경적이다

바울과 개혁신앙의 선배들이 보여준 저항의 방식은 쿠데타나 혁명이 아닌 논쟁이나 글이었습니다. 우리 성도들도 '부당한 권세자'에 저항할 때는 무력으로 저항하는 것이 아니라, 말이나 글을 통해서 그들의 실책을 정당하게 비판해야 합니다. 그리고 투표권을 행사하여, 위정자들이 합법적인 절차를 통해 유권자들의 '심판'을 받을 수 있게 해야 합니다. 이것은 성경의 원리에도 위배되지 않는 일입니다. 그러나 만약 '사악한 위정자'의 실책에 분노한 대중이 선동을 시작하고 쿠데타를 일으킨다면, 이때부터는 '비합법적 저항'이 되는 것입니다. 위정자의 잘못은 하나님이 마땅히 벌하실 것이지만, 혁명을 일으킨 대중들 또한 하나님께서 세우신 '권세자'를 거역한 대가를 치러야 합니다. 그 실례는 성경의 사건들과 우리나라의 역사에서도 얼마든지 발견할 수 있습니다.

10여 년 전, 우리나라에서 미국산 소고기 파동이 일어났었습니다. 후에 광우병은 사실무근임이 밝혀졌지만,[12] 당시 그 일로 인해

---

12 ① 동아사이언스, 〈과학자들이 말하는 '광우병 진실' : "광우병 통제 가능… 5년뒤엔 사라져" "잠복기 염두 두고 안전성 따져봐야" 2000년 이후 인간광우병 발병 크게 감소 '광우병 쇠고기' 유통 가능성은 거의 없어〉, 2008.05.09. https://www.dongascience.com/news.php?idx=-60641: 한국과학기술한림원 주최로 8일 오후 서울 중구 태평로 한국프레스센터에서 열린 '광우병과 쇠고기 안전성' 토론회에서 의학계 및 과학계의 전문가들은 최근 사회 일각에서 확산되고 있는 '광우병 괴담(怪談)'의 부작용에 대해 우려를 나타냈다. (중략) 이영순 서울대 수의대 교수는 주제발표에서 "광우병은 1993년 정점에 이른 뒤 현재는 충분히 통제되고 있다"라고 강조했다. 광우병은 1972년 소의 뼈와 고기 등을 소의 사료로 쓰기 시작한 후 1985년 들어 발생했고 1988년부터 동물성 사료를 금지하면서 광우병도 줄어들었다. 인간광우병 역시 소의 광우병과 7~10년의 시차를 두며 2000년 이후 크게 줄고 있다. 이 때문에 이 교수는 "5년 뒤에는 광우병이 사라질 것이라는 전망도 있다"라고 강조했다. 이 교수는 또 광우병이 인간광우병으로 번지지 않으려면 특정위험물질(SRM)을 통제하는 것이 가장 중요한 것으로 지적했다.
그는 "사람이 광우병 소의 변형프리온 단백질을 다량으로 먹어야 인간광우병에 걸린다"라며 "변형프리온은 뇌(64%)를 비롯해 척수(25.6%), 등배신경절(3.8%) 등 SRM에 99% 이상 들어있다"라고 설명했다. SRM을 제거한 고기는 안전하다는 의미다. 이 교수는 "광우병은 더 많은 고기를 얻기 위해 소에게 소를 먹이는 공장식 사육체제를 도입하면서 천벌이 온

것"이라며 "앞으로 가축을 밀집해 기르지 말아야 한다"라고 주장하기도 했다.

(중략) 서울대 수의학과 우희종 교수는 "일반적인 유통 경로에서는 SRM을 제거한 쇠고기는 위험하지 않다"라며 "광우병이 발병한 쇠고기가 유통될 가능성은 거의 없다고 본다"라고 말했다. 소에서 추출한 화장품이나 약품 재료가 광우병을 일으킬 가능성이 극히 낮다는 평가도 나왔다.

이중복 건국대 수의학과 교수는 "화장품에 사용되는 우지(牛脂)에 포함된 단백질 함량은 국제적으로 제한을 두고 있다"라며 "최근 세계적으로 광우병 발생률이 줄면서 우지(牛脂) 성분이 인간광우병을 유발할 염려는 거의 없다"라고 분석했다. 이 교수는 또 "광우병이 한창일 때인 1980, 90년대 미국과 유럽에서 육골분(소의 뼈 성분)을 수입한 것은 사실이지만 대부분 사료가 아닌 본차이나(뼈 성분을 넣은 그릇)를 만드는 데 쓰였다"라면서 "이로 인해 사람이 광우병이 걸렸다는 보고는 아직 없다"라고 했다.

양기화 대한의사협회 연구위원은 "한국인의 94%가 병원성 프리온에 약한 MM 유전자형을 갖고 있다고 해서 40%인 영국인보다 광우병에 걸릴 확률이 2.3배 높다는 말은 어불성설"이라며 "광우병을 억제하는 또 다른 유전자가 영국인에 비해 많다는 결과는 어떻게 해석할 것인지 반문하고 싶다"라고 했다.

연세대 의대 신동천 교수는 "광우병은 병원성 프리온에 노출된 때를 전제로 하며 확률적으로 수천만 분의 일에 불과하다"라면서 "국민에게 큰 혼란을 일으킨 이유는 위험이 일어날 확률과 그 규모를 정확하게 측정하지 못하고 있기 때문"이라고 지적했다. 과학자들은 광우병에 대한 불필요한 공포감이 형성되고 있는 가장 큰 까닭이 위험 예측 시스템의 부재(不在) 때문이라고 꼬집었다.

(유전자 하나로 질병 취약 단정 못 해) '광우병 괴담'의 중요한 근거로 제시된 "한국인이 인간광우병에 취약하다"라는 주장은 김용선 한림대 의대 교수의 논문에서 시작됐다. 일부에서는 "한국인의 94.33%가 MM 유전자형"이라는 논문의 분석 결과를 인용하면서 한국인이 인간광우병인 변종 크로이츠펠트야코프병(vCJD)에 걸리기 쉽다고 주장한다.

한국과학기술연구원(KIST) 소속 과학자들은 8일 열린 기자간담회에서 이 같은 주장을 반박했다. 김 교수의 논문은 인간광우병이 아니라 일종의 노인성 질환인 산발성 크로이츠펠트야코프병(sCJD)에 대한 것이며, 유전자 하나만으로 특정 병에 걸리기 쉽다고 단정 지을 수 없다는 것이다.

'제1호 국가과학자'인 신희섭 KIST 신경과학센터장은 김 교수의 논문이 인간광우병과 관련이 없는 sCJD에 대한 것이라고 지적했다. sCJD는 아직 감염경로가 명확하게 밝혀지지 않았지만, 광우병 쇠고기와는 상관이 없다.

질병관리본부도 김 교수의 논문이 인간광우병과는 관련이 없다고 밝혔다. 이날 간담회에서는 김 교수의 연구 결과와 다른 일본 연구 결과도 제시됐다. 일본 규슈대 연구진이 1991년 과학 학술지 '네이처'에 발표한 연구에 따르면 MM 유전자형을 지닌 일본인 비율은 한국인과 비슷한 95%에 이른다. 그러나 sCJD 환자에게서는 이 유전자형을 가진 사람이 81%에 그쳤다. MM 유전자형과 sCJD의 관계가 적을 수 있다는 의미다.

유명희 프로테오믹스이용기술개발사업단장은 "인간광우병 문제는 과학자나 의사의 영역이 돼야 하는데 누리꾼의 목소리가 커진 것 같아 안타깝다"고 지적했다. (중략) 유전자 하나 때문에 병이 생기는 것은 아니며 신중히 접근할 문제라고 설명한 것이다.

류재천 생체대사연구센터 책임연구원은 "모든 물질은 독성을 지니고 있다"라며 "실제로 문제를 일으키는지는 독성 물질의 양에 달려 있다"라고 말했다. 그는 "감염확률이 과학적으로 극히 낮은 사안에 이처럼 큰 논란이 이는 것은 문제라고 생각한다"라고 덧붙였다.

② 전주일보, 〈정지민 씨의 진실과 MBC 광우병 왜곡 선동〉, 이종욱, 2009.09.29. http://www.jjilbo.com/news/articleView.html?idxno=38428: MBC PD수첩 광우병 편의 영어번역

서울의 중심, 광화문 광장은 상인들이 정상적으로 영업하기 힘든 상태가 되었습니다. 비록 의도하지는 않았겠지만, 그 시위로 인해 광화문 일대는 저녁마다 소비자들이 접근할 수 없었기 때문에, 비싼 월세를 부담하던 상인들은 매출 감소로 큰 타격을 입었습니다. 그뿐만 아니라, 집회의 안전을 위해 정부도 적지 않은 물적, 인적

자이자 감수자였던 정지민 씨는 "나는 사실을 존중한다"는 책에서 (PD수첩은) "그 어떤 목적이나 결과로도 정당화될 수 없는 사실관계 왜곡과 성립 불가능한 논리로 짜인 구성 그 자체였다"며 그 어떤 공익적 목적도 결과도 없었다고 지적했다.

특히 정씨는 광우병 편의 쟁점이었던 아레사 빈슨의 사인과 다우너(주저앉는 소) 동영상에 대해 의도적으로 왜곡이 이뤄졌다고 주장하였으며, 그는 광우병 편의 문제는 왜곡과 과장이었고 오역은 수난에 불과했다고 밝혔다. 그는 제작진이 보건 당국 공식문건의 제목마저 "인간 광우병(vCJD)사망자 조사"라고 오역하고 원본에서 제대로 번역된 크로이츠펠트 야코프병(CJD)을 방송 몇 시간 전에 인간광우병을 의미하는 단정적인 표현으로 죄다 바꿔치기했다"고 지적했다. 정씨는 CJD를 비중 있게 전한 현지(미국) 언론과 달리 (빈슨의) 증상과 앓는 기간을 왜곡하고 인간 광우병을 진단할 수 없는 의사를 인터뷰하고 자기 공명 영상(MRI) 결과는 vCJD가 확실시되며 확인을 위한 부검만 남겨두고 있다고 보도한 곳은 PD수첩뿐이라고 지적했다.

2008년 4월 29일 MBC PD수첩의 미국산 쇠고기 광우병에서 안전한가는 비틀거리는 미국 소의 모습으로 시작했다. 진행자는 "목숨을 걸고 광우병 쇠고기를 먹어야 합니까?"라는 포스터 앞에서 "주저앉는 소", "광우병 걸린 소"라고 했다. 딸이 광우병에 걸려 숨졌다며 눈물짓는 흑인 어머니 인터뷰도 길게 내보냈다. 이 방송을 본 사람이면 "광우병 덩어리 미국 쇠고기"에 대한 공포에 사로잡히지 않을 수 없었고, 그런 쇠고기를 들여오겠다는 이명박 정부에 분노하지 않을 수 없었다. 사흘 뒤 촛불 시위가 시작돼 "아직 15년밖에 못 살았어요"라는 피켓을 든 소녀부터 유모차를 끌고 나온 주부, 나이 지긋한 시민들까지 모여들었다. 나라는 걷잡을 수 없는 아수라장으로 빠져들었다. 이명박 정권 타도 구호까지 나왔다. 이것을 모를 리 없는 MBC가 MB정권과 정면 대결하겠다는 뜻으로 볼 수밖에 없는 등식으로 풀이된다.

진실은 밝혀졌다. "주저앉는 소"는 광우병 소가 아니었다. 눈물짓는 흑인 어머니 딸의 사인도 광우병과 무관하였음이 밝혀졌다. 또한 미국 쇠고기를 먹고 광우병에 걸린 미국인도 지금까지 한 명도 없었다고 한다. (중략) 이에 대해 MBC는 어떠한 결과를 남겼는가? 스스로 PD수첩 왜곡 보도 진상을 조사해 보겠다는 말도 꺼낸 적이 없다. PD수첩 사태에 대한 책임은 어디에 있는가? 감싸기에 급급한 모습만 전해진다. (중략) 제대로 된 나라라면 신망있는 민간전문가들로 조사위원회를 구성해 PD수첩 사태의 시작부터 끝까지 낱낱이 조사하고 백서를 내놓아야 한다. 그래서 그 관련자들이 법적책임에 앞서 백서가 지적한 언론인으로서 책임을 먼저 지도록 만들어야 한다. 그리고 책임소재에 따라 법적책임을 물어야 한다. 그래야만 다시는 이러한 선동허위보도가 나오지 않기 때문이다.

자원을 동원해야 하는 상황이었고,[13] 이는 고스란히 납세자인 일반 시민들의 몫으로 돌아갈 수밖에 없었습니다.[14]

광분하는 대중이 무서운 이유가 바로 이 때문입니다. 한 집단에서 분노가 일기 시작하면, 그들은 이성적 판단을 하기보다 자신들의 주장을 피력하는 데 열중하기 때문에, 주변에 예기치 않은 피해를 주기도 합니다. 우리가 오해하고 있는 용산 참사도 사실 시위대의 일부가 화염병을 도보에 투척하여 지나가던 행인들의 안전이 위협을 받게 되면서 시작된 사건이었습니다.[15] 그런데 아직도 일부

---

13 한국일보, 〈대법 "광우병대책회의, 정부에 손해배상 책임 없다" 12년 만에 확정〉, 윤주영, 2020.07.09. https://m.hankookilbo.com/News/Read/A2020070916080000762: 서울경찰청은 지난 2008년 7월 촛불집회를 주도한 단체와 핵심 간부들을 상대로 약 5억원 상당의 손해배상 청구 소송을 냈다. 경찰은 "집회 참가자들이 경찰과 전·의경을 폭행하고 장비를 망가뜨려 11억2천여만 원 상당의 손해를 입었다"고 주장했다.

14 중앙일보, 〈광우병에서 한발도 더 나아가지 못했다〉, 안혜리, 2020.03.19. https://www.joongang.co.kr/article/23733590#home: 한국경제연구원에 따르면 광우병 집회가 있었던 5~8월 2,398회나 열린 미국산 쇠고기 수입반대 집회와 시위로 2007년 국내총생산(GDP) 0.4%에 해당하는 3조 7,513억 원의 사회적 손실을 봤다.

15 ① 노컷뉴스, 〈용산철거민들 화염병 투척 격렬 대치〉, 윤지나, 김효은, 2009.01.19. https://www.nocutnews.co.kr/news/541558: 서울 한강로 일대 철거민들이 상가 철거에 대한 적절한 보상을 요구하며 시위를 벌이고 있다. 용산 4구역 철거민 대책위원회 회원 30여 명은 19일 오전 6시부터 서울 한강로에 있는 5층짜리 상가 옥상에서 돌과 화염병을 던지며 시위를 벌이고 있다. 이들은 서울시가 임시 시장을 만들어 주는 등 최소한의 보상도 없이 철거를 밀어붙이고 있다며, 이주대책을 마련해 줄 때까지 투쟁하겠다고 밝혔다. 이들은 특히 철거반원 50여 명이 진입을 시도하자 화염병과 염산병, 새총 등을 이용해 격렬히 대치했다. 경찰은 현장에 병력 5개 중대를 배치해 물대포를 쏘며 회원들을 진압하고 있으며, 이 과정에서 철거민들이 점거한 건물 일부가 부서지고 인근 상가가 불에 그을렸다. 현재 옥상에서는 철거민들이 장기간 농성을 위한 가건물을 설치하고 있다.
② 연합뉴스, 〈용산 시너·화염병 투척' 막판 수사〉, 김태종, 2009.02.08. https://www.hani.co.kr/arti/society/society_general/337514.html: 검찰은 참사 현장에서 나타난 각종 증거와 동영상 분석을 통해 농성자 중 누군가가 시너를 뿌렸으며, 그 위로 화염병을 던진 사실을 확인했다. 그러나 동영상에 나타난 시너 및 화염병 투척자는 복면을 쓰는 등 얼굴 대부분을 가린 상태였고 동영상 화면도 뚜렷하지 않아 농성자 중 누구인지 식별하기 어려운 상황인 것으로 전해졌다. (중략) 특히 사고 발생 당일 망루에서 경찰 진압 작전에 최후까지 저항하면서 화재가 나는 데 관여한 김모 씨 등 3명에게는 경찰 특공대 1명을

언론사는 그 사건의 원인을 경찰의 과잉 진압이나, 검찰의 편향된 수사 때문이라고 오보하는 경우가 있습니다.

우리 중 그 누구도 자신의 주장을 관철하기 위해 다른 사람에

죽게 한 치사 혐의를, 나머지 2명은 망루 밖에서 경찰에 화염병 등을 던진 혐의만 적용키로 했다. 검찰은 또 점거농성에 참여했다가 참사 당일 체포돼 불구속 수사를 받았던 철거민 등 농성자 16~17명을 9일 수사결과 발표 뒤 특수공무집행방해 등 혐의로 불구속기소 하기로 했다.

③ 프레시안, 〈법원 "용산 참사는 화염병 탓" 철거민 7명 징역 5~6년 선고: 재판부 "국가 법질서 문란케 하는 행동은 용납 안 된다"〉, 허환주, 2009.10.28.

https://www.pressian.com/pages/articles/97668: 서울중앙지법 형사합의27부(부장판사 한양석)는 28일 특수공무집행방해치사 등의 혐의로 구속기소 된 이충연 용산 철거민대책위원회 위원장 외 2인에게 징역 6년의 실형을 선고했다. 또 조직부장 김모 씨 외 5명에게는 모두 징역 5년의 실형을 선고하고, 불구속기소 된 2명에게는 각각 징역 3년에 집행유예 4년, 징역 2년에 집행유예 3년을 선고했다.

"농성자의 화염병이 발화 원인": 서울중앙지법 형사27부는 검찰의 기소 내용을 모두 받아들였다. 재판부는 "동영상 채증 자료와 경찰 특공대의 증언에 따르면 철거민 농성자들이 망루 4층에서 3층 계단 쪽으로 화염병을 던졌다고 판단된다"라며 발화 원인을 화염병 투척으로 판단했다. (중략) 검찰이 철거민 농성자 9명을 기소할 때 적용한 혐의는 '특수공무집행방해치사상죄'였다. 검찰은 누가 화염병을 던졌는지 특정할 수 없기에 망루를 지을 당시부터 화재가 발생할 때까지 동참한 철거민 9명에게 '공모공동전동범죄'를 적용했다. 검찰은 망루를 짓는 것부터 화염병을 던지는 행위까지 모두를 범죄 사실을 구성하는 요소로 판단했다.

"경찰의 진압 작전, 정당했다": 경찰의 공무집행 정당성을 두고도 재판부는 "시위 용품과 생필품을 들고 망루에 들어간 뒤 새총과 화염병을 이용해 지나가는 행인에게 피해를 입힌 것이 확인된다"며 "또 경찰이 대화를 시도했으나 '병력 철수'라는 무리한 요구를 들어 교섭이 이뤄지지 않았다"고 판단했다. 재판부는 이에 "경찰이 망루가 지어진 지 이틀 만에 진압한 것은 신속 진압이 필요했다는 검찰의 주장이 타당하다"며 변호인 측의 경찰 공권력 투입 정당성 문제를 일축했다. 또 테러 진압 부대인 경찰특공대를 투입한 것을 두고도 재판부는 "망루에 위험 물질을 두고 화염병을 투척하는 위험한 상황에서 고도로 숙련된 전문가가 이러한 곳을 진압하는 것이 필요했다고 판단된다"며 "당시 특공대는 최소한의 장비만 가지고 진압을 했을 뿐만 아니라 물리력도 별로 행사하지 않은 것으로 확인된다"고 밝혔다.

"동기가 정당하다고 수단과 결과가 모두 정당한 것은 아니다": 재판부는 "용산 참사는 재개발을 두고 보상에 불만을 품은 철거민들이 철거 예정지 건물에 망루를 설치하고 생필품과 위험 물질을 가지고 농성을 하다 경찰 진압에 저항하는 과정에서 화재가 발생해 6명이 사망한 참혹한 사망 사건"이라며 평가했다. 재판부는 "철거민은 권리 보장을 위해 어쩔 수 없이 망루에 올랐다고는 하지만 세입자 권리 보호는 입법과 행정 정책적으로 이뤄져야 하는 일이지 이곳에서 판단하는 문제가 아니다"라고 밝혔다. 이어 "동기가 정당하다고 수단과 결과가 모두 정당한 것은 아니다"라며 "자신들이 만족하지 못했다고 자신의 주장을 정당화하기 위해 경찰을 사망케 한 것은 국가 법질서 근본을 문란케 하는 행동으로 용납할 수 없다"며 밝혔다. 재판부는 "참사 이후 철거민 농성자는 사과도 하지 않고 계획적으로 재판 진행을 방해하는 등 범죄 후 정황도 좋지 않았다"며 "피고인에게 모두 무거운 형을 내린다"고 밝혔다.

게 피해를 주어도 되는 사람은 없습니다. 또 그것은 오늘 본문에서 바울이 전하는 '성경적 국가관'에도 매우 상충하는 일입니다. 『웨스트민스터 신앙고백서』 역시 제23장에서, "교회에서 세상을 비판할 때는 설교를 통해 할 것"을 권하고 있습니다.[16] 이것은 바로 예수님과 바울과 존 녹스 및 수많은 개혁주의자들이 몸소 실천해 가며 우리에게 보여준 '성경적 국가관'의 원리입니다.

정교분리의 진의, 알고 사용하자

이에 반해, 사탄은 '정교분리(政敎分離)'의 논리를 이용하여 그리스도인이 행사할 수 있는 합법적인 저항권마저 악한 것으로 매도하려고 합니다. 사실 '정교분리'의 진짜 의미는 청교도 시대에 국가가 교회를 핍박하는 것에 반대하는 취지에서 등장한 개념입니다. 칼빈의 후계자인 테오도르 베자(Theodore Beza, 1519~1605)는 다음과

---

16 로버트 쇼, 『웨스트민스터 신앙고백 해설』, 조계광 역, 생명의말씀사, 2017.: 1항) 온 세상의 지고하신 왕이요, 주님이신 하나님은 자신의 영광과 공공의 선을 위해 자기 아래 국가 공직자들을 세워 백성을 다스리게 하셨다. 그분은 이 목적을 위해 그들에게 칼의 권세를 허락하시어 선한 자들은 보호하고 격려하며, 악인들을 징벌하게 하셨다(롬 13:1~4, 벧전 2:13~14).
4항) 국가 공직자들을 위해 기도하고(딤전 2:1~2), 그들의 인격을 존중하고(벧전 2:17), 그들에게 세금과 공공 비용을 지불하고(롬 13:6~7), 그들의 합법적인 명령에 따르고, 양심을 위해 그들의 권위에 복종하는 것은(롬 13:5, 딛 3:1) 백성의 의무다. 믿음이 없거나 종교가 다르다고 해서 국가 공직자의 정당하고 합법적인 권위를 무시하거나 사람들이 그들에게 복종하는 것을 방해해서는 안 된다(벧전 2:13~14, 16). 교직자들도 그런 의무를 면제받지 못한다(롬 13:1, 왕상 2:35, 행 25:9~11, 벧후 2:1, 10~11, 유 1:8~11). 교황은 그들의 지배를 받는 사람들에게 아무런 권한이나 법적 권리를 행사할 수 없을 뿐 아니라 그들을 이단으로 단죄하거나 그 밖의 다른 구실을 내세워 그들의 통치권과 생명을 박탈할 수 없다(살후 2:4, 계 13:15~17).

같이 말했습니다.

> "진정한 종교 행위의 자유가 주어지면, 통치자는 이것을 보존할 더
> 큰 의무를 가지며, 통치자가 그 의무를 지키지 못하는 것은 명백한
> 폭정이다. 그의 권속(국민)들은 얼마든지 그에게 저항할 자유가 있
> 다. 우리는 그 무엇보다 우리 영혼의 구원과 우리 양심의 자유에 더
> 큰 가치를 두고 더 많은 노력을 해야 한다."

'정교분리'의 진의는, "종교가 정치에 개입하지 말라"는 것이
아니라, "정부가 종교를 탄압하거나 교회에 개입하지 말라"는 것입
니다. 그러므로 오히려, 교회는 정부가 반성경적인 정책을 펴거나,
자유를 억압하는 정책을 펼 때는 목청을 높여 반대해야 합니다.

안타깝게도 현재 한국교회에서 '정교분리'라는 용어가 오남용
되는 사례가 더 많습니다. 혹자는 이 용어를 "교회는 국가와 정치
에 대해 논하지 말고, 목사는 성도들의 정치 성향에 관해 간섭하지
말라"라는 뜻으로 해석합니다. 하지만 "목사는 복음만 전하고 정치
문제는 개의치 말아야 한다"라는 주장은 바울이 말하는 성경적 국
가관과 반대되는 것입니다. 빌라도의 법정에 서신 예수님도 말(言)
이라는 수단을 이용하여 자신을 항변하셨고, '권세자'인 빌라도의
실책을 경고하셨습니다. 모든 개혁주의 신학자들도 마찬가지였습

니다. 그들은 '권세자'들이 자신의 권력을 오남용할 때, 메리 여왕 앞의 존 녹스처럼 정당하고 합법적인 방식으로 자신들의 저항권을 행사하였습니다.

사실 '권세자'들에게 말로써 저항하는 것은 하나님이 교회에 맡기신 고유한 임무입니다. 우리 주님께서 교회에 맡기신 사명도 거짓된 세상에 진리를 선포하는 일이었습니다. 심지어 예수님도 빌라도 앞에서 자신을 가리켜 '진리의 왕'이라고 하시지 않았습니까? 진리라고 하는 것은 사람의 입을 통해 말로 전하는 것입니다.

그런데 안타깝게도 광장집회에 참여하는 분 중, 먼저 성경을 근거로 하여 고민하는 사례는 거의 볼 수 없었습니다. 성도는 대통령을 그 자리에 세우신 분이 하나님이시라는 것을 한 번쯤 기억할 수 있어야 합니다. 어떤 '권세자'가 내 맘에 들지 않는다고 해서 그 자리에서 들고 일어나 물리적 시위를 하는 것은, 예수님과 바울의 정치관에 어긋나는 것입니다. 영국의 메리 여왕은 존 녹스에게 이렇게 말했습니다.

"나는 스코틀랜드의 수많은 군대보다, 존 녹스의 기도가 더 무섭다
(I fear John Knox's prayers more than an army of ten thousand men)."

이것은 펜이 칼보다 얼마나 더 강한지를 보여주는 단적인 예라

고 할 수 있습니다.

예수님이 혁명을 거부하신 진짜 이유

왜 성경은 그리스도인이 사회운동에 참여하는 것을 권하지 않는 것입니까? 왜 예수님과 사도바울은 부당한 '권세자'들을 향해 혁명의 깃발을 들지 않고 변론과 논쟁의 방식으로만 대응한 것일까요?

(1) 복음 전도의 사명

왜냐하면, 첫 번째로 우리 그리스도인은 이 땅에 태어나는 순간부터 '복음 전파'라는 사명을 부여받았기 때문입니다. 그런데 지금 우리나라의 위정자들은 "공직자는 업무 시, 공적인 자리에서 자신의 종교를 드러내면 안 된다"라고 명합니다. 여기서 중요한 점은 4대 종교 중에서 전도를 권하는 종교, 즉 자신들의 도를 말로써 다른 사람에게 전파하라고 권하는 종교는 기독교뿐이라는 점입니다. 그래서 "종교를 드러내면 안 된다"라는 방침이 시행되면, 실제로 종교의 자유를 침해받는 종교는 기독교뿐입니다.

한때는 학교 선생님의 교권이 존중받던 시절이 있었습니다. 그 시절에는 토요일에 수업이 끝나면 기독교인 담임선생님이 종종 학생들에게 다음날 교회에 가자고 권하면서 자연스럽게 전도를 하기도 했습니다. 그러나 지금은 그것이 불가능해졌습니다. 예수님의 제자들도 복음을 전할 때 유대 관원들의 협박을 받았는데, 이에 대해 베드로와 요한은 다음과 같이 항변합니다.

"베드로와 요한이 대답하여 이르되 하나님 앞에서 너희의 말을 듣는 것이 하나님의 말씀을 듣는 것보다 옳은가 판단하라. 우리는 보고 들은 것을 말하지 아니할 수 없다 하니(행 4:19~20)."

지금 국가와 정부는 공직자들에게 공개적으로 전도하는 것을 금하고 있지만, 우리 그리스도인들은 항상 하나님이 국가 위에 있다는 것을 기억해야 합니다. 또, 공적 임무를 행하고 있는 시간, 장소가 아닌 사적인 자리에서는 얼마든지 주변 사람들에게 전도 활동을 하며, 종교의 자유와 양심의 자유를 침해받지 않을 권리가 있음을 잊지 않아야 합니다. 그것은 세속법에 위배되는 일도 아니며, 혁명이나 쿠데타와 같이 비합법적인 수단을 통한 저항도 아니기 때문입니다. 국가가 공적인 자리에서 종교인의 전도 활동을 금한다고 해서 사적인 자리에서도 마음이 위축되어 전도하기를 두려워하는 것은, 사단이 기뻐할 일이지 하나님이 기뻐하실 일이 아닙니다. 오히려 그것이야말로 사단의 미묘한 속임수요, 계략임을 우리는 잊지 말아야겠습니다. 때로는 공직자 그리스도인이 전도하다가

민원 신고를 당하기도 합니다. 그럴 때 우리는 당황하지 말고 우리를 핍박하는 권세자들보다 더 높으신 분이 하나님이심을 기억하고 우리의 사명을 더욱 굳건히 해야 하겠습니다.

(2) 거룩함(구별됨)을 위해

어떤 성도들은 "허울뿐인 말로만 아니라 몸으로 직접 실천하겠다"라고 하며, 자신들이 '부당한 권세자'를 향해 쏘아 올리는 분노의 화살을 정당화하기도 합니다. 물론 그러한 사회운동은 헌법상 표현의 자유와 집회 결사의 자유가 보장된 국가에서 누구든지 합법적으로 행사할 수 있는 권리 중 하나입니다. 문제는 우리 그리스도인은 모든 면에서 비신자들과 구별된 동기를 가지고 생각하고 행동해야 한다는 점입니다. 성도들은 비신자들이 생각하는 범주에서 한 차원 더 나아가서 모든 행동의 이유와 동기를 성경으로 설명할 수 있어야 하고, 성경에서 시작해서 성경으로 마무리해야 합니다. 앞서 말씀드린 것처럼, 수많은 대중이 모인 시위나 저항운동은 그 성격상 쉽게 흥분되고 과격해지기 마련입니다. 비록 시작할 때는 합법적이고 평화적인 시위였다고 할지라도, 한두 사람의 광분이나 실수로 인해 치명적인 사고를 초래할 위험이 있고, 또 그러한 사례가 실제로 있었다는 것을 여러분도 잘 아실 것입니다. 이때 평소 교회를 미워하던 기자들이나 취재진은 교인 일부가 시위 도중

실수나 과오를 행하면, 기다렸다는 듯이 침소봉대(針小棒大)하여 온 세상에 드러내기도 합니다. 2018년 퀴어축제 옆에서 맞시위(반동성애 시위)를 하던 한 목사가 경찰의 과잉 진압으로 연행된 후 급기야 벌금형을 받게 되었습니다.[17] 그런데 일부 언론사에서 그것을 악의적으로 기사화하여, 기독교를 폭력적인 집단으로 매도하기도 했습니다. 이런 경우, 애초에 교회를 사랑하는 마음에서 좋은 의도로 참여했던 활동이 오히려 성도 자신과 교회 전체에 안 좋은 영향을 가져온 셈이 되었습니다.

---

17 ① 크리스천투데이, 〈"퀴어축제 반대 목회자 수갑 연행에 심각한 우려"〉, 김진영, 2018.09.10.,
https://www.christiantoday.co.kr/news/315886
② 아이굿뉴스, 〈퀴어축제 반대한 탁동일 목사 불법 강제연행 규탄〉, 이인창, 2018.09.13., https://www.igoodnews.net/news/articleView.html?idxno=57684: 인천 동구청이 불허한 인천퀴어축제 현장에서 동성애 반대운동을 하던 목회자가 경찰에 의해 수갑에 채워져 연행되는 사건이 발생했다. 기독교계 연합단체들은 성명을 발표하며 강하게 반발하고 있다. 지난 8일 동성애자 또는 동성애를 찬성하는 축제 준비위 관계자들은 인천퀴어문화축제 강행을 시도했고, 이에 인천지역 기독교계와 학부모 등 1천여 명이 행사를 반대하면서 물리적 충돌이 발생했다. 한국기독교연합(대표회장: 이동석 목사)는 지난 10일 성명서를 발표하고 "인천퀴어축제는 구청에서 안전상의 이유로 사용을 불허한 엄연한 불법집회인데, 경찰은 현장에서 불법 집회자를 보호하고 대신 많은 사람들이 보는 앞에서 성직자를 수갑에 채워 강제로 연행하는 만행을 저질렀다"고 비판했다. 한기연은 "동성애를 반대하는 사람들을 경찰이 심하게 통제하는 것에 항의한다는 이유만으로 무조건 수갑을 채워 연행하는 것이 정당한 법 진행이냐"고 물으며 "대한민국 경찰이 민중의 지팡이 위치에서 내려와 성소수자들의 울타리가 되기로 작심한 듯한 작금의 상황을 보며 개탄하지 않을 수 없다"고 밝혔다. 한국교회총연합(대표회장:전계헌, 최기학, 전명구, 이영훈 목사)도 성명을 내고 "경찰이 구청의 반대에도 불구하고 충돌이 예상되는 집회를 허가해 보호한 근거를 공개하고 정부는 성소수자 보호라는 미명 아래 다수 국민이 반대하는 동성애 집회를 보호하고, 반대 국민들을 범법자로 취급한 것인지 답변하라"고 촉구했다. 한교총은 "이번 사건을 당국의 그릇된 인권관을 반영한 제3차 국가인권기본계획(NAP) 시행으로 발생한 중대사건으로 규정한다"고 밝히기도 했다. 한국교회언론회(대표: 유만석 목사)도 논평을 내고 "이번 동성애 축제는 아이들의 미래를 생각하는 인근 초등학교 학부모들과 시민들, 그리고 기독교계의 반대로 인해 계획대로 이뤄지지 못했다"면서 "양심과 도덕과 윤리의 정신에 따라 반대하는 목회자를 현장에서 수갑을 채워 체포하는 경찰은 어느 나라 경찰인가"라고 비판했다.

본회퍼와 다윗의 결정적 차이

히틀러에 저항한 목사로 유명한 독일의 디트리히 본회퍼 (Dietrich Bonhoeffer, 1906~1945)는 미국에 체류하던 중, 유대인 학살의 소식을 듣고 귀국하여 설교 강단에서 히틀러의 폭정을 비판하였습니다. 그러나 아무리 설교해도 히틀러가 변하지 않자, 본회퍼는 히틀러를 암살하기로 마음먹습니다. 이유는 그렇게 해서라도 히틀러의 잔인한 폭정을 막아야 독일 사회가 안정을 되찾고, 유럽 전체에도 평화가 올 것으로 판단했기 때문입니다. 급기야 그는 히틀러 암살단을 조직하여 암살을 계획하다가 발각되어 처형당하고 맙니다.[18]

여기서 우리가 분명히 기억해야 할 점은 본회퍼가 처형을 당한 정확한 이유는 설교가 아니라는 점입니다. 즉, 본회퍼는 복음을 전하다 핍박을 받은 게 아니라, 살인 공모죄로 처벌을 받은 것입니다. 비록 히틀러가 '사악한 권세자'이긴 하였지만, 그를 살해하는 것은 엄연히 살인죄에 해당한다고 성경은 말씀합니다. 본회퍼는 사회 정의를 구현하려다가 그만 자신도 모르게 성경의 가르침도 어기고, 세속적 윤리도 저버리는 우를 범하고 만 것입니다.

성경의 인물 중 본회퍼와 대조되는 사람이 바로 다윗입니다. 다윗은 자신을 무고히 죽이려고 하는 사울을 해할 기회가 두 번이

---

18 에릭 메택시스, 『디트리히 본회퍼』, 김순현 역, 포이에마, 2011.

나 있었으나, 사울이 하나님이 기름 부어 세우신 '권세자'라는 이유로 그를 공격하지 않았습니다. 그는 한 번도 아니고 두 번이나 사울에게 보복할 기회를 포기합니다. 시편을 보면 다윗은 자신의 억울함을 하나님께 호소하고 원수에 대한 보복도 하나님께 맡깁니다. 후에 사울은 다윗의 손이 아닌 하나님의 손으로 처벌받고, 다윗은 이 모든 과정에서 하나님께 득죄하지 않았을뿐더러 하나님의 말씀에 위반하는 일을 두려워했다는 것을 알 수 있습니다. 이처럼 참된 그리스도인은 혁명가가 아니라 '세상 사람이 할 수 없는 일'을 위해 구별된 존재입니다. 세상 사람들이 할 수 없는 일이란, 예를 들면 위에서 소개한 존 녹스의 기도와 같은 것입니다.

안타깝지만 이와 비교할 때, 본회퍼의 저항은 성경적이지도 않으며, 개혁주의 신앙의 정신과도 맞지 않은 것이었다고 할 수 있습니다. 만약 우리가 본회퍼와 같은 상황에 놓인다면, 먼저 우리는 하나님께 기도해야 할 것입니다. 무력 시위는 우리 그리스도인이 참여하지 않아도 세상 사람들이 얼마든지 열심히 하는 것이기 때문입니다.

히틀러도 하나님이 세우셨는가?

이 땅의 모든 권세자는 하나님이 세우신 자들입니다. 그들 중 누구도 하나님이 세우지 않은 자는 없으며, 하나님의 허락 없이 그 자리에 설 수 있는 자는 아무도 없습니다. 설령 그가 히틀러, 스탈린, 김정은이라 할지라도 말입니다. 그러므로 우리는 그들에게 대항할 때 총과 칼이 아닌 말과 글, 설교로 그들의 잘못을 일깨워 주어야 합니다. 이것은 우리나라 대통령들도 마찬가지입니다.

그런데 어떤 사람들은 우리나라 초대 대통령을 포함한 역대 대통령들을 극단적으로 폄훼(貶毀)하고 그들을 역사에서 지워버리고자 합니다. 비록 세상 사람들이 그들을 지도자로 인정하지 않는다고 해도, 우리 그리스도인 만큼은 그들 역시 하나님이 세우신 '권세자'임을 알고 그들의 공과(功過)를 인정할 수 있어야 합니다.

또 그리스도인은 대중의 분노가 일어날 때 함께 동요하는 자들이 아니라, 먼저 성경이 무엇을 말하는지 살피는 자들입니다. 그리스도인은 혁명가가 아니며, 이 세상을 상식의 눈으로 바라보는 자도 아니기 때문입니다. 성경은 그 어디에서도 우리에게 '악한 권세자'를 무력으로 내쫓고 새로운 세상을 만들라고 권하지 않았습니다.

우리의 세계관은 뉴스나 SNS, 유튜브 동영상으로 형성하는 것이 아니라, 예수님과 바울의 말씀, 교회사, 그리고 아브라함 카이퍼와 조엘 비키 같은 개혁신학자의 가르침을 통해서 견고하게 다져져야 할 것입니다.

02

국가의 근간은
칼이다

(롬13:3~4)

2. 국가의 근간은 칼이다
(롬 13:3~4)

새로운 국가관은 새 부대에

앞에서 말씀드린 바와 같이, 보편적인 국민은 학창 시절이나 성인이 된 이후에도 진보, 보수주의가 무엇인지, 좌·우파 경제사상의 차이가 무엇인지 정확하게 배울 기회가 거의 없습니다. 즉 우리의 정치관은 학구적인 환경이나 교육의 현장에서 만들어진 것이 아니라, 그동안 여러 경로를 통해 접한 뉴스나 칼럼, 정론 등이 머릿속에 무작위로 축적된 것에 불과합니다.

그동안 설교 단상에서 제가 정치 이야기를 잘 하지 않았던 이유는 성경 본문이 국가와 정치를 다루지 않았기 때문입니다. 하지만, 지금 살펴볼 로마서 13장은 초반에서 바울이 정치에 대해 직접 언급했기 때문에, 이 장에서는 성경적 국가관을 언급하는 것이 본문에 가장 충실한 일이 될 것입니다.

혹 여러분들이 생각하시거나 가지고 계신 정치관이 저와 다를 수도 있을 것입니다. 그리고 여러분 중 일부는 가족이나 친지들과의 정치적 의견 차이로 고민하고 계신 분도 있을 것입니다. 이처럼 우리는 그동안 각자 다른 세계관을 품고 지내 왔지만, 오늘 로마서를 통해 바울의 국가관을 살펴볼 때는 그동안 여러분이 애지중지하며 간직해 온 사상과 철학을 모두 내려놓아야 할 필요가 있습니다. 출신 지역의 정치 성향이나 수십 년간 좋아했던 책, 이론 등을 다 비워야 바울의 국가관을 여과 없이 받아들일 수 있는 것입니다. 거기에 앞서 소개한 바 있는 존 칼빈, 아브라함 카이퍼, 헤르만 바빙크, 마이클 호튼, 조엘 비키 등의 저서, 웨스트민스터 신앙고백서 등 개혁교회 역사 이래 수백 년간 검증의 과정을 거쳐 신빙성을 갖춘 자료들 또한 우리에게 큰 도움을 줄 수 있을 것입니다. 그것들은 기독교 세계관을 배운 적이 없는 우리에게 가장 유용한 참고서라고 할 수 있겠습니다.

일사부재리, 이중처벌금지 원칙

이 세상의 법정에서는 일사부재리(一事不再理)와 이중처벌금지(二重處罰禁止) 원칙이 적용됩니다. 그런데 바울은 로마서 13장에서, 그리스도인이 권세자들에 대항할 때는, '일사유(有)재리', '이중처벌허용' 원칙이 적용된다고 말합니다. 즉 한 건의 범죄에 대해 두 번의 심판이 가능하다는 것입니다.

> "각 사람은 위에 있는 권세들에게 복종하라 권세는 하나님으로부
> 터 나지 않음이 없나니 모든 권세는 다 하나님께서 정하신 바라(롬
> 13:1)."

이 외에 성경 다른 곳에서도 '권세자'에 대한 순복을 강조하는
말씀이 등장합니다.

> "여러분은 국가의 모든 제도와 통치자와 관리들에게 복종하십시오.
> 그렇게 하는 것이 주님을 위하는 것입니다. 관리들은 악한 일하는
> 사람들을 처벌하고 선한 일하는 사람들을 표창하라고 통치자가 보
> 낸 사람들입니다. (중략) 하인으로 있는 여러분, 극히 두려운 마음으
> 로 주인에게 복종하십시오. 선량하고 너그러운 주인에게만 아니라,
> 까다로운 주인에게도 그리하십시오(벧전 2:13~14, 18, 현대인의 성
> 경)."

이처럼 성경은 하나님과 권세자의 징계를 모두 받는 '이중 처
벌'이 순리라고 말씀합니다. 권세자에 대항하는 자는 먼저 하나님
의 징계를 받고, 다음으로는 권세자의 처벌도 기다리고 있음을 각

오하라는 것입니다. 이 원리는 비단 왕뿐 아니라 주인과 종, 사장과 직원 등 모든 상하 관계에 해당합니다.

> "그러므로 권세를 거스르는 자는 하나님의 명을 거스름이니 거스르는 자들은 심판을 자취하리라(롬 13:2)."

이것이 바울의 정치관입니다. 여기서 기억할 것은 하나님께 심판을 받는다는 의미가 하나님이 국가와 개인 모두를 심판하심을 나타낸다는 것입니다. 왜냐하면, 국가라는 주체 역시 하나님의 법을 어기면, 공의로운 하나님의 심판으로 그 복이 거두어지는 것이 성경의 당연한 원리이기 때문입니다. 거기에 더하여 하나님은 개인적 차원의 징계와 채찍도 절대 간과하지 않으십니다. 이것이 바로 앞장에서 살펴본 내용의 핵심이었습니다. 즉, 권세는 하나님께로부터 나왔다는 것입니다.

국가는 천사가 아니고, 이 땅은 천국이 아니다

사실, '권세자' 중에는 선한 권세자가 거의 없습니다. 왜냐하면 "절대 권력은 절대적으로 부패하기(Power tends to corrupt and absolute power corrupts absolutely)"[1] 때문입니다. 그럴 수밖에 없는 이유는 권세

---

1   영국의 정치인이자 역사가인 존 달버그 액턴(John Dalberg Acton, 1834~1902)의 말

자의 역할이 주어지는 순간, 그 사람은 그것을 사용하여 타인을 통제해야 하기 때문입니다.

> "그는 하나님의 사역자가 되어 네게 선을 베푸는 자이니라. 그러나
> 네가 악을 행하거든, 두려워하라. 그가 공연히 칼을 가지지 아니하
> 였으니 곧 하나님의 사역자가 되어 악을 행하는 자에게 진노하심을
> 따라 보응(報應)하는 자이니라(롬 13:4)."

권세자들은 괜히 칼을 가지고 있는 것이 아니라, 그 칼을 사용하여 국가를 다스리고, 하나님이 세우신 권세에 대항하고 거역하는 자들을 저지하는 데 사용하는 것입니다. 이것은 성경에 분명히 나와 있는 원리이며, 국가 원수와 권세자들의 당연한 권리이기도 합니다. 오늘날도 마찬가지입니다. 대통령과 권세자들이 내 마음에 들지 않는다고 반란이나 쿠데타를 일으키면, 당연히 그들은 칼을 사용하여 다스릴 권세가 있습니다. 만약 이것을 부당하게 여긴다면, 그 사람은 성경의 국가관, 즉 바울의 정치관을 전혀 모르기 때문일 것입니다. 바울은 로마서 13장에서 국가의 기초는 '선'이나 '정의'가 아니라 칼이요 힘, 권력 등과 깊은 연관이 있다고 말하고 있습니다.

하지만 요즘은 국가가 힘을 행사하면 국민의 거센 반발을 받

는 시대가 되었습니다. 왜냐하면, 역사적으로 악한 선례들이 있었기 때문입니다. 소련, 나치, 중공, 북한 등 전체주의 독재국가들이 인류에 저지른 만행 때문에,[2] 지금 세상 사람들의 인식 속에는 국가의 공권력 행사가 기본적으로 악한 것이라는 잘못된 편견이 있습니다. 하지만 이것은 성경의 주장과 다른 것입니다. 성경은 어떤 국가이든지 공권력의 본질은 '칼'(힘, Governing Authority)이라고 말씀하고 있습니다. 이 원리에서 벗어나는 사회운동은 기독교의 국가관, 즉 바울의 정치관에서 이탈한 것입니다. 이것을 분명히 인식하셔야 기독교의 국가관을 제대로 시작하실 수 있습니다.

한 국가의 정권을 장악한 사람들은 그 자리에 올라가기까지 대단히 어렵고 힘든 과정을 거치기 때문에, 자신의 기득권에 저항하는 세력을 필사적으로 제압하거나 기득권을 방어하게 되어있습니다. 한 예로 전관예우(前官禮遇)를 들 수 있습니다. 대부분 국민은 이 전관예우로 인한 특혜의 대상에 해당하지 않기 때문에, 그것에 이의나 반감을 품기 마련입니다. 이와 같은 권세자의 특혜에 이의나 불만이 있는 국민은 얼마든지 대항할 수 있지만, 대신 그에 상응하는 대가를 치를 것도 각오해야 한다는 것이 바울의 주장입니다. 또 여러분이 만약 어떤 부당한 정부 부처나 기관을 개혁하고자 한다면, 주권을 가진 국민으로서 시민단체 활동이나 사회운동을 통해

---

2 제이 리처즈, 『돈, 탐욕, 신: 자본주의는 문제가 아니라 답이다』, 송대원 역, 따님, 2015, 36.

그것을 실현하실 수도 있을 것입니다. 다만 국가는 그러한 당신을 통제하고 억압할 권세가 있음을 기억하고, 위법한 사항이 있을 시에는 처벌받을 각오도 해야 할 것입니다. 왜냐하면, 국가의 '칼=권세'는 하나님께서 주신 것이기 때문입니다. 이것이 바로 바울이 말하는 기독교적 국가관입니다.

이렇게 바울의 국가관을 있는 그대로 소개하면 많은 분이 의아해하실 수도 있습니다. "그것은 정의롭지도 않고, 민주적이지도 않은 것이 아닙니까?"라고 말입니다. 하지만 기독교의 국가관은 "이 세상은 천국이 아니고, 우리의 현실은 비참하다"라는 것을 인정하는 데서 출발합니다. 왜냐하면, 국가는 '칼'의 권세를 가지고 있기 때문입니다. 그리고 그 권한은 명분상으로나 법적으로나 국가가 타당하게 행사할 수 있는 권한이라는 것이, 본문에서 바울이 전하는 성경적 국가관입니다. 따라서 하나님의 말씀을 존중하는 우리 그리스도인은 국가 권세에 대항할 때 이 점을 반드시 유념해야 합니다.

권세에 대항하기 전에

그래서 국가에 대항하고자 하는 사람은 반드시 다음 두 가지 조건을 갖추고 있는 사람이어야 합니다. 그 조건을 두 개의 단어로 표현하면 '천애고아(天涯孤兒)'와 '철옹성(鐵甕城)'이라고 할 수 있겠습니다. 언뜻 봐도 이 두 단어는 서로 어울리지 않아 보입니다. 마치 '동그란 네모', '따뜻한 냉수(冷水)'와 같이 말입니다. 그만큼 국가의 권세에 대항하는 것은 어렵고 힘든 대가를 치러야 한다는 의미입니다. 부당하게 행사되고 있는 국가 공권력(Unreasonable Governing Authority)[3]에 대항하고자 하는 사람들은 다음 두 가지를 반드시 기억해야 할 것입니다.

이해를 돕기 위해 다소 노골적으로 표현하자면, 여러분이 3족(族)이 멸(滅)해도 무방한 천애고아가 아니라면, 혹은 여러분 뒤에 철옹성같이 막강한 배후가 있어서 여러분이 무엇을 해도 다 보호해 줄 수 있는 상황이 아니라면, 국가에 대항하지 않는 것이 좋다는 말씀입니다.

첫째로 생각할 것은 "나로 인해 피해를 받게 될 일가 친족이나 자손이 아무도 없거나 혹은 고통을 받지 않도록 안전하게 대피할 수 있는 여건이 조성되었는가?", "내가 가진 재산과 소유물 등 모든 것을 다 잃어도 될 만큼 마음의 준비가 되었는가?"하는 점입니다. 즉, 국가에 대항할 때는 "나의 인생을 전부 건다"라는 자세로 임하셔야 한다는 것입니다. 이 일로 인해 다시는 재기할 수 없을 만큼 큰 타격을 입어도 상관없을 때, 비로소 여러분은 저항권을 행

---

3   NASB역 벧전 2:18 인용. "Servants, be submissive to your masters with all respect, not only to those who are good and gentle, but also to those who are unreasonable."

사할 수 있을 것입니다.

　두 번째로, 국가에 대항하고자 하는 자는 자신을 지켜줄 든든한 배후세력이 있어야 합니다. 이와 관련하여 가장 좋은 예가 루터의 경우입니다. 사실 중세 로마 가톨릭의 수도사 출신인 루터가 종교개혁운동을 자유롭게 펼칠 수 있었던 것도, 당시 독일의 유력한 권세자들이 그의 뒤에서 든든한 버팀목이 되어주었기 때문이었습니다.[4] 그러면서도 루터는 자신이나 복음 중 어느 쪽을 위해서든 무력을 써서는 안 된다는 점을 분명히 하였습니다. 1521년 그는 지인에게 이런 편지를 띄웠습니다.

　　"난 복음을 위해 싸우되 피를 동원하지는 않겠네. 이런 뜻으로 나는

4　롤란드 베인톤, 『마르틴 루터의 생애』, 이종태 역, 생명의말씀사, 1996, 168~175.: 100명의 기사 보호 제공 - 루터의 생애에 영향을 끼친 독일 민족주의 운동의 대표자로는 (기사이자 인문주의자인) 울리히 폰 후텐(Hutten)과 프란츠 폰 지킹겐을 들 수 있다. (중략) 독일 안에서 (루터와 같이 복음을 위해 고난받는 사람들을 보호하자는) 후텐의 호소에 반응을 보인 유일한 계층이 있다면 그것은 같은 계층의 기사들이었다. 그 가운데 가장 두드러진 사람은 프란츠 폰 지킹겐으로서, 그는 자기 부대를 프랑크푸르트(Frankfurt)에 풀어 놓아 황제 선거에 공헌이 큰 사람이다. (중략) 그는 억눌린 사람들의 옹호자로 자처했으며 그의 부대는 그 나라의 덕으로 살고 있었으므로 항상 눌린 사람들을 더 찾아 그들의 입장을 옹호하는 데 힘썼다. 후텐은 루터를 옹호하는 데 지킹겐을 이용할 기회를 찾고 있었다. (중략) 지킹겐은 가난한 사람들과 복음 때문에 고난받는 사람들의 편을 들기로 굳게 다짐하였다. (중략) (루터를 보호하겠다고 하는 기사들의 제안에 대해) 루터가 뭐라고 답변했는지 우리로서는 알 길이 없지만, 선제후가 등을 돌릴 경우, 루터가 편견 없는 재판관들의 반박을 사지 않는 한 100명의 기사를 모아서 신변을 보호해주겠다던 제안에 대한 그의 반응에서 그의 답변을 짐작할 수 있다. (중략) 1520년 8월 루터는 자신이 이 기사들 덕분에 사람에 대한 공포에서 구출되었기 때문에 교황권을 적(敵)그리스도로 공격하겠다는 뜻을 비쳤다. 그러나 그 일은 이미 시작되었으며, 보호를 받는다는 보장으로 그가 기운을 얻고 담대해진 것도 사실이지만, 그의 용기의 근원은 위험을 모면한다는 안도감이 아니었다. 그의 친구 가운데 한 사람이 눈앞에 닥친 위기 때문에 루터가 물러설까 봐 마음을 졸인 것이 있다. 그에게 루터는 이렇게 대답했다. "내가 기(旗)를 버리고 달아날까 염려하지는 말게."

그[5]에게 답장을 보냈지. 세상은 말씀으로 정복되며 말씀으로 교회는 섬김을 받고 재건되는 법. 적그리스도는 사람의 힘을 빌리지 않고 일어났으므로 사람의 손을 쓰지 않아도 망할 것일세."

칼빈 역시 일반 시민들이 부당한 권위자(Unreasonable Masters)에 저항할 때는 먼저 하나님의 처벌에 맡길 것을 권합니다.[6] 지도자들의 명령에 복종할 때에는 '주 안에서만 복종'해야 하며, 그 외 일반 시민의 자격으로 국가에 저항권을 행사할 때는 법정이라는 수단을 이용해야 합니다. 이때 하나님께서 법관의 판결을 통해 공정히 처벌하실 것이라고 칼빈은 전합니다.[7]

심지어 한 국가의 야당(野黨)이 집권 여당(與黨)을 대항 할 때도, 여당을 이길 만큼 강한 힘을 가지고 있어야 합니다. 제일 야당의 역할이 군소 야당보다 영향력이 클 수밖에 없는 이유도 바로 그것입니다.[8] 그렇다면 무엇이 진짜 기독교의 국가관인지 구별하

---

5 루터의 신변을 지켜주는 기사이자, 민족 운동가 후텐을 말함.
6 라은성, 『이것이 기독교강요다(연구자용)』, PTL, 2018, 1124~1148.
7 장수민, 『칼빈의 기독교강요 완전 분석』, 세움북스, 2017, 1201~1223.
8 막스 베버, 『행정의 공개성과 정치 지도자 선출 외』, 이남선 역, 책세상, 2020, 165~168. : [적극적 정치의 실현으로서의 의회] (중략) 베버에 따르면, 의회의 가장 중요한 기능 가운데 하나는 관료 권력을 견제하는 것이다. 의회는 통제받지 않으려는 관료 권력을 통제해야만 한다. 사회가 복잡해질수록 그것은 점점 더 비대해지고, 공고해지며 은폐되어 간다. (중략) 이 성역을 과감하게 파헤치고 비판할 수 있는 존재가 있어야 하는데 그러한 존재는 의회뿐이다. 의회가 이러한 일을 할 수 있으려면 조사권을 가져야 한다. 그것은 "기술된 문장과 언급된 말로" 행정을 지속하여 통제할 수 있게 해준다. 결과적으로 조사권은 행정 수장을 견제하는 기능이 있어, 그가 권력을 조심스럽게 행사하지 않을 수 없게 한다. (중략) 의회가 조사권을 행사하는 것은, 단지 이러한 가능만을 위해서는 아니다. 의회의 조사권은 소수파의 권리를 위

기 위해 비신자인 '세속 현자'(Worldly Wiseman)[9]와 '세속 철학자'(World Philosopher)[10]를 비교해 보겠습니다.

플라톤과 맹자: 국가는 선하고, 선해야 한다?

서양 철학사에서 소크라테스는 기독교의 예수님과 같은 존재이고, 그의 제자 플라톤은 바울과 같은 존재라고 할 수 있습니다. 플라톤의 저작은 대부분 소크라테스 생전의 가르침을 그가 글로 옮겨 놓은 것입니다.

바울은 나라의 근간이 칼, 무력, 통제, 억압이라고 했지만, 플

해서도 중요하다. 소수파는 소수파라는 이유만으로 다수파와 비교해 정보 접근도가 낮을 수밖에 없다. (중략) 이것은 훗날 닥치게 될 의회에서의 '다수의 전횡'과 그 위험성을 공개성에 의해 상쇄하는 데 필요하다. 소수파도 조사권을 통해 정보에 접근함으로써 다수파가 마음대로 일을 처리하지 못하게 막을 수 있다. (중략) 행정의 견제와 통제라는 중요한 기능 외에 또 다른 의회의 기능으로는 무엇이 있을까? (중략) 의회의 가장 중요한 기능은 행정에 대한 비판과 견제를 넘어, 대안을 제시하고 책임을 지는 정치를 하는 것이다. (중략) 국가 권력은 이론적으로는 몽테스키외에 의해서, 그리고 실제로는 시민 혁명을 계기로 형식과 역할에 따라 입법, 사법, 행정 세 부분으로 나누게 되었다. 그 중 어느 것이 최상위의 권력을 차지하고 있을까? 우리는 간혹 행정부가 가장 상위의 권력기관이라고 착각한다. 그러나 가장 상위인 권력은 입법부, 즉 의회다. 의회는 국민이 국민의 대표를 국민의 손으로 직접 선출해 구성한 기관이고, 국민의 의사를 대표하는 기관이기 때문이다. 입법, 사법, 행정부가 맡은 역할은 각기 다르지만 궁극적으로 행정부도 사법부도 입법부의 통제와 지휘를 받아야 한다. 이것은 의회제를 채택하고 있는 국가라면 어디서나 타당하게 적용된다. 다시 말해 의회 권력이 가장 상위 권력이다.

* 베버가 말한 조사권은 현재의 각종 위원회(우리나라의 국회 상임위원회)를 의미한다. 따라서 베버는 의원은 각 소속 위원회에서 전문적인 활동을 함으로써 특정 행정에 대한 지식을 습득할 뿐만 아니라 행정을 견제할 수도 있다고 보았다. 현재는 청문회와 같은 더 포괄적인 의미에서의 조사권도 발달해 있다.

9   존 번연(John Bunyan, 1628~1688)의 『천로역정』(The Pilgrim's Progress)에 나오는 세속 현자(Worldly Wiseman)를 비유적으로 인용

10 로버트 하일브로너(Robert L. Heilbroner, 1919~2005)의 Worldly Philosophers: The Lives, Times and Ideas of the Great Economic Thinkers에서 인용

라톤의『국가론』[11]에 등장하는 소크라테스는 "국가는 덕(德)에 기초하여 정의(正義)를 실현해야 한다"라고 주장합니다. 즉, 이상적인 국가는 철인(哲人, Philosopher King), 지혜로운 자가 통치하는 국가라는 것입니다.[12] "철학자들이 국가를 통치하지 않거나, 통치자들이 철학을 공부해 국가를 다스리지 않는 한, 이상 국가는 만들어지기 힘든 것이다"라는 것이 소크라테스의 주장입니다.[13]

이것은 어찌 보면 바울의 국가관과 상이한 정도가 아니라 정면으로 대치하는 것이라고 할 수 있습니다. 쉽게 말해, 소크라테스는 국가 근간을 '선'이라고 한다면, 바울은 국가 근간이 '힘'(Authority)이라는 것입니다. 소크라테스의 국가관이 현실과 다른 '이상'을 추구하는 것이라면, 바울은 국가의 기초가 '권세'이고 그것을 실제로 사용하는 "인간은 선한 존재가 아니다"는 것을 인정하였습니다. 실제로 인류의 역사를 살펴보더라도, 현실은 소크라테스의 이상 국가

---

11   플라톤, 『국가: 올바름을 향한 끝없는 대화』, 송재범 역해, 풀빛, 2005, 207~209. 『국가론』은 플라톤이 남긴 총 26편의 대화편 중 하나고, 원어 제목은 'Politeia'인데, 우리 말로는 '정체(政體)'라고 번역하는 것이 더 잘 어울린다. 이 『국가론』은 총 10권으로 되어있는데, 플라톤 전집의 약 18%를 차지할 정도로 분량이 방대하다. 훗날 사람들이 이 책의 부제를 '정의론(正義論)'이라고 붙였듯이 국가론의 초점은 '올바름', 즉 '정의'이다. 국가론은 이 '정의(올바름)'을 찾아서 떠나는 여행과도 같은 과정을 다룬다. 그런데 플라톤의 다른 저술들과 비교해 볼 때, 국가론은 상당히 유토피아적 요소가 강하다. 지상의 어디에서도 실제로 보기 어려운 '아름다운 국가', '훌륭한 국가'의 모델을 그리고 있기 때문이다. 따라서 이런 비현실적인 내용 때문에 플라톤은 종종 비판을 받기도 한다. 그리고 플라톤 자신도 이러한 비판을 받을 수 있음을 인정했다. 그는 자신이 제시한 이상 국가가 하나의 '본보기'일 뿐, 현실에서 실현된 것은 아니라고 한다. 그리고 그는 말년의 대작 《법률》에서 국가론에서 제시한 문제들을 현실적으로 어떻게 처리할 것인지에 대한 처방을 내린다.

12   플라톤, 『국가: 올바름을 향한 끝없는 대화』, 2005.

13   R. L. 네틀쉽, 『플라톤의 국가론 강의』, 김안중, 홍윤경 역, 교육과학사, 2010.

보다는 바울의 인간론에 더 가까웠음을 잘 알 수 있습니다. 역사상 어떤 형태의 국가이든, 권세자들이 선함과 덕을 추구하던 평온한 시절보다는 서로 힘(통치권)을 쟁취하고자 칼을 휘두르며 혼란을 일으켰던 시기가 더 많았음을 세계역사가 잘 말해주고 있습니다. 바울 역시, 원죄로 인해 타락한 인간의 본성을 인정하기에, 현실 정치가 얼마나 각박하고 살벌한 것인지를 인지하고 있습니다.

서양 철학자 플라톤과 같은 시대에 동양에는 맹자가 있었는데, 맹자는 인의(仁義)에 기반을 둔 '왕도(王道) 정치'를 주장하였습니다.[14] 왕도 정치는, "군주가 힘과 무력을 사용하는 것을 지양하고, 덕을 쌓고 선을 행함으로써 백성들이 자발적으로 왕을 따르고 평화적으로 문제를 해결하는 것이 이상적인 국가의 모습"이라는 맹자의 정치사상입니다.[15] 플라톤과 맹자가 추구하는 국가관은 현실의 국가보다 이상적인 국가의 모습을 다룬다는 점에서 서로 비슷하다고 할 수 있습니다. 또한, 그들이 말하는 국가의 역할은 힘의 행사가 아닌 정의 구현과 선행이라는 점에서, 둘 다 바울의 국가관과는 거리가 먼 것임을 알 수 있습니다. 오늘날 현대인이 꿈꾸는 국가의 이상향도 이러한 플라톤과 맹자의 도덕적인 국가에서 크게 벗어나지 않습니다. 하지만 바울은 그러한 세상을 향해, 국가는 하

---

14 맹자, 『맹자: 인의에 기반을 둔 왕도 정치를 주창한 맹자의 완역서』, 우재호 역, 을유문화사, 2007.
15 맹자, 『맹자: 민심을 얻는 왕도정치의 고전』, 김원중 역, 휴머니스트, 2021.

나님께 '권세'를 받았으며 함부로 대항할 수 없다는 것을 분명히 말하고 있습니다.

엽관제와 탕평책은 성경적인가?

엽관제(獵官制)와 탕평책(蕩平策)은 '위정자'(Governing Authority)의 권한을 상징하는 대표적인 제도라고 할 있습니다. 엽관제(Spoils System)[16]는 선거에서 승리한 정당이 선거 운동에 참여한 자들과 그 정당의 적극적인 지지자에게 선거의 승리에 일조한 대가로 실무

---

16 막스 베버, 『행정의 공개성과 정치 지도자 선출 외』, 157~160.: [엽관제 왜 필요한가] 왜 장관은 임명직이어야 하는가? 한 번쯤 근본적으로 질문을 던져 볼 만하다. 왜 장관은 임명직이어야 하는가? 각 부처 내부에서 능력을 인정받은 관리를 장관으로 기용하면 되지 않을까? (중략) 이런 임명직 장관과 공사업체 사장 같은 임명직 관리가 존재하는 근본적인 이유는 "정당은…본질적으로 관직 정실 인사 조직"이라는 데 있다. 모든 정당은 권력 그 자체, 즉 행정 참여와 관직 임용에 영향을 미치기를 갈구한다. 정당의 목적은 선거에 의해 그 정당의 지도자를 최고 지위에 올려놓는 것이고, 최고 지위에 오른 정당의 지도자는 그 대가로 정당 당직자와 선거 참모에게 국가의 관직을 부여한다. (중략) 장관은 능력에서 유능한 일반 관리에 뒤처진다. 그런데도 대부분 국가는 장관을 임명직으로 정해놓고 있다. (중략) 이는 (임명직이) 책임 소재가 더 명확하다는 데 기인한다. "임명된 관리에게는 관리의 자질을 책임지는 지도자가 늘 있으며, 또한 집권 정당은 작은 실책이라도 범할 경우, 후일 그로 인해 고통을 받기 때문이다. (중략) 국가 수장이, 무능하거나 실책을 범할 가능성이 많은 인물을 관리로 지명하면 이로 인한 악영향이 곧장 다음 선거에 반영된다. 집권 정당에서 야당으로 몰락하게 되는 것이다. 이러한 우를 범함으로써 영원히 집권 정당의 자리를 차지하지 못하게 되기를 바라는 정치 지도자는 없을 것이다. 늘 다음 선거를 의식하고 있는 정치 지도자는 당연히 각 직위에 적합한 인사를 임명하고자 노력한다." 의회의 지도자는 수입과 서열에 도움이 되는 관직을 추구하는 게 아니라, 정치적 책임을 지는 권력을 추구한다. 이것은 대부분의 현대 국가에 적용되고 있다. "이론적으로든 현실적으로든 엽관제 또는 정실 인사 제도는 문제가 많은 제도임에 틀림이 없으나 그래도 여전히 존치(存置)할 의미가 있다. 정치는 기본적으로 투쟁이고 그 투쟁의 결과에 대해 반드시 책임이 따르게 된다. 그 책임 수행을 평가하는 주체는 국민이다. 상명하복(上命下服)을 신조로 하는 관리는 행위의 결과에 대해 책임지지 않는다. 아니, 행위의 결과를 개별 관리가 책임지는 것은 부담이 크다. 근무 지식과 업무 적격(適格)성, 성실성으로 무장한 관리와 비교해 능력은 뒤지지만, 책임으로 무장한 정치가는 자신의 정치적 책임을 진다. 그 책임을 성실하게 이행했는가의 여부는 국민이 (차기 공직 선거를 통해) 심판한다. 엽관제는 현재의 정치 제도가 근본적으로 바뀌지 않는 한, 계속 존속할 것이다.

요직에 임명하는 관행이라고 할 수 있는데, 이것은 사실 '국가 근간이 칼'이라고 하는 바울의 국가관과 일맥상통하는 부분이 있습니다. 국가의 위정자들은 칼의 권세를 부여받은 자들이기에 조직을 구성할 때 그 권세를 사용하여 자신들이 효과적으로 공약을 실천하고 책임 있는 정권을 운영할 수 있도록 재량적 인사권을 행사하는 것입니다. 물론 엽관제에도 일장일단이 있겠지만, 국가의 근간이 힘임을 명시하는 개념이기에, 엽관제에 내재된 원리는 바울의 국가관에 부합한다고 볼 수 있습니다.

반면에 탕평책[17]은 결과적으로 한 국가의 위정자가 자신의 권세를 일부 포기하고 정적(政敵)을 포용하자는 논리이기 때문에, 본래 취지인 '다양한 의견 수렴을 통한 개선'의 효과보다는 집권 정당의 수권 능력을 오히려 더 약화하고 분란을 초래할 우려가 더 큰 정책이라고 할 수 있습니다. 최근에 있었던 국정농단과 대통령 탄핵 사건이 그러한 원리를 잘 보여준 사례입니다. 탕평책은 국가 위정자의 권세를 분산하려는 원리를 담고 있으므로 바울의 국가관과 대치하는 개념이라고 보는 것이 타당할 것입니다.

17　한영우, 『다시 찾는 우리 역사』, 경세원, 2018, 360.: 탕평은 조선 후기 영·정조대에 당쟁을 막기 위해 당파 간의 정치세력에 균형을 꾀하려 한 정책으로, 서경(書經) 홍범조(洪範條)의 '無偏無黨王道蕩蕩 無黨無偏王道平平'이라는 글에서 그의 정치이념을 빌어온 것이다. 즉, 불편부당(不偏不黨)한 정치를 펴서 어느 한쪽에 기울어지지 않고 만민을 모두 끌어안는 선정(善政)을 베푼다는 뜻이다.

맹자와 링컨: 선이냐 칼이냐?

노예 해방과 남북전쟁으로 유명한 미국 대통령, 링컨의 일대기를 그린 영화 《링컨》[18]을 보면 매우 흥미로운 장면이 등장합니다. 이 영화의 배경은 1865년 남북전쟁이 막바지에 이르렀을 때인데, 링컨은 북군의 수장이었고, 전쟁은 북군이 승리하고, 남군의 패배가 거의 확실해지려던 참이었습니다. 그 당시 미국의 남부지역에서 노예제를 주장한 것은 그들의 생업이 면화 재배였고, 면화 농장에는 일손이 절대적으로 필요했기 때문입니다.[19] 북쪽 지역은 이미 공업화가 많이 진행되어 있었기 때문에,[20] 사실 노예제가 절박하게 필요하지 않았습니다. 남부의 면화 농업인은 자신들의 생업을 위해 막대한 재산을 투자해 흑인 노예들을 사들였기 때문에, 어쩌면 그들에게 흑인 노예 해방은 생계의 위협이 되었을지도 모르겠습니다.[21]

---

18 2012년 스티븐 스필버그 감독이 연출한 영화이다. 원작인 『권력의 조건』은 오바마 대통령이 읽은 것으로 유명하다.

19 양재열, "미국 남북전쟁 시기 공화당 급진파 상원의원의 지역주의 성향", 『대구 사학』 v.90(2008), 216~217.: 17세기 중반에 면화가 영국에서 미국의 남부로 수입된 이후, 농장이 늘어나면서 흑인들이 아프리카에서 잡혀 오고 흑인 노예제가 성립되었다. 200여 년 동안 노예제는 남부인에게는 축복이었으나 북부인에게는 반드시 없애야 할 제도였다. (중략) 1864년 7월 1일에 가결된 웨이드-데이비스 법안은 전후 남부 재건을 위한 연방의회의 청사진을 보여준다. 이 법안은 (중략) 노예제를 폐지하고 남부 연합의 민간 지도자들과 군 지도자들의 공민권을 박탈하는 내용도 담겨있다.

20 양재열, "미국 남북전쟁 시기 공화당 급진파 상원의원의 지역주의 성향", 207, 208, 210. 엘런 브링클리, 『있는 그대로의 미국사』, 황혜성 외 역, 휴머니스트, 2005, 178.

21 엘런 브링클리, 『있는 그대로의 미국사』, 107~108.: 당시 남부 노예제 지지론(The Pro-Slavery Argument)자의 주장에 따르면, "노예제도는 노예에게 좋은 것이었다. (남부) 노예는 북부의 산업 노동자보다 나은 조건에서 살기 때문이다. 노예제도는 남부 전체에도 좋은 것

그런데 이 전쟁에서 노예제를 찬성하는 남군이 패배하게 되고, 미국은 전쟁이 끝난 직후인 1865년 헌법 수정조항 제13조를 제정해 노예제도를 폐지했습니다. 그런데 비록 남부가 전쟁에서 패하기는 하였지만, 의회는 과반수가 남부 출신 의원으로 구성되어 있었기 때문에, 노예제 폐지는 난항을 겪고 있었습니다. 영화에서는 이때 링컨이 법안을 통과시키기 위해 남부 출신 의원들을 직접 매수하거나 로비 활동을 하는 등 온갖 수단을 동원하는 모습을 보여주면서 그동안 우리에게 잘 알려지지 않은 링컨의 현실 순응적이면서 정치적인 면모를 소개하기도 합니다.

여기서 우리가 주목할 것은 이점이 바로 기독교인 링컨과 비기독교인 맹자의 차이점이라는 것입니다. 맹자의 관점에서 국가는 도덕적이어야 하고, 국가의 역할은 구성원에게 선을 행하는 것입니다. 하지만 링컨은 현실 정치가 도덕과 선으로 운영되지 않음을 직시하였습니다. 그 이유는 맹자는 인간을 선한 존재로 상정하였고, 링컨은 인간의 본성이 원죄로 말미암아 전적으로 타락하였다는 것, 바울이 로마서 13장 4절에서 말한 '사역자'(a minister of God)의

이고 (중략) 나아가 국가 전체에도 좋은 것이다. 노예제도에 기반한 남부 경제야말로 국가 번영의 열쇠이기 때문이다." 남부 백인은 북부를 탐욕과 파멸의 정신이 지배하는 사회로 보았다. 남부인(南部人) 중에는, 공장제와 무질서한 이민자로 가득한, 혼잡스럽고 불결한 (북부의) 도시에 대한 두려움을 이야기하는 사람도 많았고, 남부를 북부가 겪고 있는 자본과 노동의 불화와는 거리가 먼, 안정되고 질서 있는 사회라고 믿었다. 그들 생각에는 남부는 노동자의 복지를 지켜주면서, 귀족의 세련되고 성숙한 문화생활이 보장된 세계였던 것입니다. 한마디로 남부는 모든 사람이 그 속에서 만족스러운 생활과 안전을 보장받는 이상적인 사회질서를 갖춘 곳이었다.

역할은 '칼'(the sword)이라는 점을 잘 이해했기 때문일 것입니다. 즉, 링컨은 현실 정치에서 일어나는 일들은 의도가 선하다고 해도, 과정과 결과가 선하지 않을 수 있음을 인정한 것입니다.

반면에 소크라테스와 맹자의 공통점은 현실적 실행 가능성을 배제한 이상적인 국가의 모습(국가의 권세자가 지혜와 덕과 선으로 나라를 다스리는)을 추구합니다. 실제로 그들은 자신들이 추구하는 국가관이 실현되기 어렵다는 점을 스스로 인정하기도 하였습니다. 이처럼 현실과 무관한 이상을 추구하는 것을 이상주의 혹은 유토피아주의(Utopianism)라고 합니다. 특히, 유토피아주의는 마르크스(Karl Heinrich Marx, 1818~1883)의 공산주의와 그 사상적 계보가 같은 것이기도 합니다. 학자들 역시, 마르크스의 공산주의와 토머스 모어의 유토피아주의의 뿌리가 플라톤의 『국가』임을 주장하는 것도 다 이러한 이유 때문입니다.[22] 그런 면에서 서양에서는 이미 2000년 전부터 공산주의 사상이 싹트고 있었다고 해도 과언이 아닐 것입니다. 반면에 모든 기독교 세계관은 세상이 원래부터 정의롭고 선하지 않으며, 악이 더 많음을 인정하는 데서 출발합니다.

국가는 보응하기 위해 존재한다

하나님은 이 세상을 다스리기 위해 국가와 교회라는 두 가지

---

22 존 프레임, 『서양 철학과 신학의 역사』, 조계광 역, 생명의말씀사, 2018, 383~436.

수단을 사용하십니다. 그런데 그 두 가지 수단의 역할 구분이 모호해지고 상호 간 월권이 감행되기 시작하면, 항상 뜻밖의 비극이 벌어지기도 합니다. 단적인 예로 중세 로마 가톨릭교회는 국가가 행사할 칼의 권세를 교회가 도용한 대표적 사례입니다. 그로 인해 종교개혁이 있기 전까지, 유럽은 천년 동안 중세의 암흑기를 맞이하게 되었습니다.

"다스리는 자들은 선한 일에 대하여 두려움이 되지 않고 악한 일에 대하여 되나니, 네가 권세를 두려워하지 아니하려느냐 선을 행하라 그리하면 그에게 칭찬을 받으리라. 그는 하나님의 사역자(God's minister)가 되어 네게 선을 베푸는 자니라. 그러나 네가 악을 행하거든 두려워하라 그가 공연히 칼을 가지지 아니하였으니 곧 하나님의 사역자가 되어 악을 행하는 자에게 진노하심을 따라 보응(報應: Punishing)하는 자니라(롬 13:3~4)."[23]

플라톤이나 맹자 같은 세속 현자들은 국가는 선을 추구해야 하며, 구성원의 악한 성품을 개선하고 계몽해야 한다고 합니다. 반면에 바울은 국가의 역할은 정의를 외치는 것이 아니라, 하나님이 주

---

23 "통치자는 여러분 각자에게 유익을 주려고 일하는 하나님의 일꾼입니다. 그러나 여러분 각자가 나쁜 일을 저지를 때에는 두려워해야 합니다. 그는 공연히 칼을 차고 있는 것이 아닙니다. 그는 하나님의 일꾼으로서, 나쁜 일을 하는 자에게 하나님의 진노를 집행하는 사람입니다." 표준새번역 인용

신 칼의 권세를 사용하여 악을 통제하고 범죄의 확산을 막는 것이라고 합니다. 이를 위해서는 국가에 법치주의가 확고히 수립되어 있어야 하고, 선악의 개념이 명확해야 구분되어 있어야 합니다. 예를 들어, 교통경찰이 교통법규를 위반한 사례를 적발하면 법에 따라 일정한 기준으로 범칙금을 부과하듯이 말입니다. 만약 행정기관 담당자의 감정이나 상황에 따라 다른 벌칙 기준이 적용된다면, 그것은 국가가 다스리는 자의 역할을 제대로 하고 있지 못하는 것이 됩니다.

스코틀랜드 장로교의 아버지이자 유명한 철학자인 새뮤얼 러더퍼드(Samuel Rutherford, 1600~1661)[24]는 『법이 왕이다』(*Lex Rex*)라는 유명한 저작을 남겼습니다. 그는 이 책에서 "모든 사람이 율법의 지배를 받듯이, 한 국가의 모든 국민은 법의 지배를 받아야 하며 심지어 왕도 예외는 아니다"라고 주장하였습니다.[25] 여기서 법이란

---

24 새뮤얼 러더퍼드, 『새뮤얼 러더퍼드의 편지』, 이강호 역, 크리스천다이제스트, 2005.: 스코틀랜드의 목사, 신학자. 에든버러 대학을 졸업하였다. 1627년 앤워스 교회 목사로 임명되었고, 1636년 주교 정치와 아르미니우스 주의를 비판하는 저서 때문에 목회직을 박탈당하고 애버딘으로 유배당했다. 애버딘에서 앤 워스 교구 사람들과 친구에게 보낸 유명한 '편지들'을 썼다. 그의 365통의 편지들은 경건 문학에서 고전에 속한다. 1638년에 풀려난 그는 앤워스에서 목회하다가 세인트 앤드루스 대학교 교수가 되었다. 1643년 스코틀랜드 대표단의 일원으로 웨스트민스터 회의에 참석하여, 신앙고백서와 요리문답을 만드는 데 상당히 공헌하였다. 저서로 『법이 왕이다』가 있으며 오늘날까지도 입헌 정부에 관한 고전으로 여겨지고 있다. 1647년 세인트 앤드루스 대학교의 세인트 메리 칼리지의 학장으로 임명되었으며, 나중에 그 대학교의 총장이 되었다. 그는 스코틀랜드의 학자이자 지도자로서 두드러진 인물이었다.

25 서요한, 『언약 사상사』, 기독교문서선교회, 2020, 274~286.: 왕의 주권은 법 위에 있지 않다. 그리고 왕만이 법의 유일한 해석자도 아니다.

제정의 분리와 삼권분립의 법치주의를 의미하는 동시에, 당시 절대 왕정이 남용하던 주관적 법리의 해석에 적극적으로 대항하고, 객관적이고 보편적인 법리 적용의 원칙을 확고히 하겠다는 점에서 의미가 크다고 할 수 있습니다.

'증거제일주의' vs '피해자중심주의'

그런데 사실 주관적 법리 적용이라는 폐단은 비단, 절대 왕정 시기에만 자행되었던 것은 아닙니다. 그것이 얼마나 현실과 동떨어지면서 위험한 것인지 단적으로 보여준 사건이 우리나라에서도 얼마 전에 있었습니다. 바로 1993년 서울대 조교 성희롱 사건인데, 그 사건이 있기 전에 우리나라에는 성희롱이라는 죄목이 없었고 이 사건은 우리나라 최초의 성희롱 고발 사건이 되었습니다. 재판은 장장 6년 동안이나 진행되었고, 당시 원고 측 변호인단은 다음과 같은 주장을 하며 '성희롱'이라는 개념을 성범죄 항목에 추가할 것을 주장합니다.

"성희롱은 그 특성상 매우 사적인 자리에서 일어나는 동시에 순식간에 벌어지는 일이기 때문에 물증을 확보하기 어렵다. 그러므로 성희롱이라는 범죄는 피해자의 주관적 감정을 가장 중요한 근거로 삼아야 하며, 객관적인 증거 중심의 수사보다는 피해자의 감정을 중시하는 피해자 중심의 수사를 우선시해야 한다"라고 말입니다. 예를 들어, 음담패설 같은 경우 발화자가 아무리 농담으로 던진 말이라고 해도 상대방이 성적 수치심을 느낀다면 성추행이 성립한다는 것입니다. 이러한 원고 측 변호인단의 의견이 참작되어 피고인 서울대 신모 교수에게도 벌금형 500만 원이 부과되었고, 이것은 우리나라에서 '피해자중심주의' 성범죄 수사를 인정한 최초의 판례가 되었습니다.

'증거제일주의'는 객관주의이고 '피해자중심주의'는 주관주의나 상대주의와 가깝습니다. 그런데 이 '피해자중심주의' 같은 주관주의적 법리 해석은 무고한 피고인에 대한 보호 장치가 없고, '2차 가해'라는 미명하에 피고 측의 자기 변론까지 막고 있어 형평성의 원리에 어긋나기도 합니다. 피해자중심주의는 피고로 지목된 사람이 실제로 전혀 성희롱의 의도가 없었다고 할지라도 한번 죄인으로 낙인이 찍히면 자신의 무고를 변론할 기회도 없이 사회적으로 매장당할 우려가 매우 큽니다.

미국의 경우 우리와 달리, 무고한 피고를 보호하기 위해 피해자중심주의 원칙을 기소 후 법원의 판결이 이루어진 이후에 적용하게 하여 선의의 피해자를 최소한으로 줄이고자 노력하고 있습니다. 하지만 우리나라는 원고의 기소 여부나 1심 판결 결과에 상관없이, 자신이 성추행 피해자임을 자진하여 피고를 지목하는데 제한이 없기에, 주관주의적 법리 해석이 남발될 수 있는 것입니다.

그리고 물론 이러한 피해자중심주의는 성경적 가치관에도 부합하지 않을 뿐만 아니라,[26] 새뮤얼 러더퍼드의 "법이 곧 왕이다"라는 원칙에도 전혀 부합하지 않는 것입니다. 이러한 주관주의적 법리 해석이 위험한 가장 큰 이유는, 그것이 법을 해석하는 자의 이익과 편의에 따라 '귀에 걸면 귀걸이, 코에 걸면 코걸이' 식의 불공정한 법 적용이 가능해지기 때문입니다. 그렇게 되면 법치주의가 파괴되는 것은 시간문제이고 이 세상은 걷잡을 수 없는 혼란에 빠지게 될 것입니다.

차별금지법은 성경적인가?

실제로 피해자중심주의와 같은 주관적 법리 해석의 여지가 큰 졸속 법안 중 대표적인 것이 바로 '차별금지법'(혹은 혐오표현금지법, 평등법)[27]입니다. 이 법안의 특징은 차별이나 혐오, 평등의 개념 자체가 원래 추상적이고 모호한 데다, 법안의 내용에서도 정확하게 규명하고 있지 않아서, 법을 해석하는 자가 누구인지에 따라 다양한 주관적 해석이 가능하다는 점입니다. 그리고 법 집행과 적용을 위한 구체적인 사항을 명시하지 않은 채, 대통령령이라고 하는 행정

---

26 "한결같지 않은 저울추는 여호와께서 미워하시는 것이요 속이는 저울은 좋지 못한 것이니라"(잠 20:23)

27 의안정보시스템, [2101116] 차별금지법안(장혜영의원 등 10인), (2020.06.29.), http://likms. assembly.go.kr/bill/billDetail.do?billId=PRC_N2K0Y0Y6O2J9K1Y0N4I2J2X1D0Y0A5 참조

입법에 일임하여, 민주주의 국가의 근간이 되는 삼권분립의 균형을 무너뜨리고, 행정부 수반인 대통령의 권한을 과하게 만들 우려가 있기도 합니다. 이것은 특히나 제왕적 대통령의 독재 정치에 반감이 심한 우리나라의 국민적 정서와도 전혀 맞지 않는 것입니다.

또 이러한 차별금지법은 헌법에 보장된 국민의 기본권을 위협하기도 합니다. 우리나라 「대한민국헌법」 제19조에 "모든 국민은 양심의 자유를 가진다"라는 규정이 있음에도 불구하고 차별금지법은 헌법에 명시된 양심의 자유를 제한하고, 의무 이상의 도덕을 강제하여 이를 위반하는 사람에게 국가가 물리적, 금전적 손해를 입히는 폭력을 행사하도록 허용하고 있습니다.[28] 차별금지법에서 처벌의 대상으로 삼고 있는 것은 국민 개개인의 양심과 사상의 문제이며 감정의 문제이기 때문에, 법리를 적용하는 주체에 따라 주관적인 판단이 불가피하게 되어있습니다.

무엇보다 차별금지법은 헌법에 보장된 종교의 자유를 심각하게 침해하고, 차별 금지를 빙자한 역차별을 초래하기도 합니다. 우리나라는 「대한민국헌법」 제20조에서 "모든 국민은 종교의 자유를 가진다. 국교는 인정되지 아니하며, 종교와 정치는 분리된다"라고 하여 종교의 자유를 보장하고 있습니다. 그러나 최근 국회 여당 의

---

28 박정순, 「마이클 샌델의 정의론, 무엇이 문제인가」, 철학과현실사, 2016, 204~211.

원들이 발의한 평등법안[29]의 내용을 살펴보면, 헌법에 명시된 종교의 자유를 명백히 침해하는 조항들이 포함되어 있습니다.[30] 그렇기 때문에 차별금지법과 같이 국민 개인에게 도덕을 강요하고, 위정자의 주관적 법리 해석이 가능하게 하는 졸속 법안은 그리스도인이 적극적으로 반대하고 막아야 할 법안이기도 합니다.

기독 정당은 왜 비성경적인가?

선거 기간이 되면 유독 창당이 활발해지는 정당이 있습니다. 바로 '기독당(基督黨)'과 같은 종교정당입니다. 앞에서 살펴본 바와 같이, (국가와 교회 간의) "구별된 역할"을 혼합하는 사회운동이나 정당 활동은 결코 성경적이라고 할 수 없을 것입니다. 예수님이 공생애 사역 동안, 사회운동이나 정치 활동을 거부하셨다는 사실은 우리로 하여금 그리스도인의 본분이 무엇인지를 다시 한번 생각하게 해줍니다. 물론 신자 개인은 교회의 이름이 아닌 시민의 이름으로, 단체가 아닌 개인 자격으로 얼마든지 정당 활동이나 사회운동에 참여할 수 있습니다. 하지만 어떤 시위에 참여할 때 "△△교

---

29   의안정보시스템, [2110822] 평등에 관한 법률안(이상민의원 등 24인), (2021.06.16). http://likms.assembly.go.kr/bill/billDetail.do?billId=PRC_A2N1K0H6R1C6N1S2P4G9X5J9R4V7F8

30   제2조(총칙) '종교': 신천지 등 사이비 종교인에 대한 채용 거부권을 침해할 수 있음(사이비 종교인이 직장 및 사업장에서 동료 직원 대상으로 과도히 전도 행위로 피해를 주는 사례가 있음).

회", "기독교ㅇㅇ단체", "기독교ㅁㅁ연합" 등의 이름을 걸고 활동하는 순간, 바울이 말하는 '국가와 교회의 역할'과는 거리가 멀어지는 것입니다. 교회는 '힘'이나 '권세'를 사용하는 곳이 아니기 때문입니다. 반대로, 세상은 정의와 계몽을 외치며 인간의 상태를 개선하는 곳이 절대 아닙니다. 그것은 세상의 역할이 아니라 교회의 역할이기 때문입니다. 앞서 말한 바와 같이, 성경이 국가에 맡긴 것은 오직 보응하는 권세뿐입니다. 국가에는 선한 것을 기대하거나 소망할 수 없으며 국가는 사람을 갱생(更生)시킬 수 없습니다. 사람의 내면을 변화시키는 것은 교회와 같이, 목사의 설교를 통해 하나님의 말씀을 꾸준히 들을 수 있는 환경이 주어질 때만 가능한 일이기 때문입니다. 그러한 점에서, 대표적인 교화제도인 모범수제도에 '가석방 제한사범'[31]이라는 단서가 있다는 점은 우리에게 시사하

---

31 「가석방 업무지침」(법무부예규 제1274호, 2020.12.31., 전부개정),
제2장 가석방 심사 시기 및 심사유형, 제2절 가석방 심사유형, 제10조(제한사범) 제한사범은 다음 각 호와 같다.
1. 수용생활 중 범죄행위로 벌금형 이상을 선고받은 자
2. 규율위반으로 징벌처분이 의결되고 「형의 집행 및 수용자의 처우에 관한 법률 시행규칙」 제234조에 규정된 기간이 가석방 기준일까지 경과하지 않은 자
3. 형기종료 후 1년 이내 재범자(과실범 제외)
4. 가석방·사면 후 3년 이내 재범자(과실범 제외)
5. 일체의 살인죄로 유기징역 또는 유기금고를 집행 중인 수형자
6. 일체의 강도죄로 유기징역 또는 유기금고를 집행 중인 수형자
7. 일체의 강간 및 강제추행의 죄로 유기징역 또는 유기금고를 집행 중인 수형자
8. 범죄로 인하여 발생한 피해금액 중 변제 혹은 합의되지 아니한 금액의 합계가 20억 원 이상인 자
9. 아동학대·가정폭력사범
10. 아동·청소년 등에 대한 성매매·알선행위로 유기징역 또는 유기금고를 집행 중인 수형자

는 바가 매우 큽니다.

공교롭게도, 중세 시대에는 교회가 국가의 역할(보응)을 도용했다면, 현대의 대한민국에서는 교회가 해야 할 역할을 국가가 월권하여 행사하고 있다고 해도 과언이 아닐 것입니다. 국가의 본분은 구성원의 인격을 개선하고자 노력하는 게 아니라, 그들이 범한 악에 대해 하나님을 대신하여 보응하는 것임을 다시 한번 기억해야겠습니다.

03

양심적 국가관과
세금의 문제

(롬13:5~7)

3. 양심적 국가관과 세금의 문제
(롬 13:5~7)

'자발적'인 양심: 인간과 동물의 차이

이번 장(章)에서는 바울이 말하는 성경적 국가관 중에서도 '양심'과 '세금'의 문제에 대해 생각해보고자 합니다. 우리는 앞서 로마서 13장 1절부터 4절까지의 말씀을 통해 "권세자에 대항하는 것은 하나님에 대해 불순종하는 것"이나 마찬가지임을 알게 되었습니다. 물론 오늘날과 같은 민주사회에서는 시민 개개인이 합법적 범위 내에서 자신의 저항권을 얼마든지 행사할 수 있을 것입니다. 하지만 바울은 시민들이 저항권을 잘못 행사할 경우, 국가 역시 (합법적인 범위 내에서) 공권력을 행사하여 그것을 제한할 수 있음을 말하고 있습니다(롬 13:4).

로마서 13장 1절부터 4절까지 바울이 말하고 있는 국가관(국가는 하나님이 세우신 것이다)은 신자와 비신자 모두에게 적용되는 일반

은총에 속한다면, 5절부터 시작하는 양심의 문제는 비신자가 아닌 그리스도인에게만 해당하는 문제를 다룹니다. 바울은 로마서 13장 5절에서 "그러므로 복종하지 아니할 수 없으니 진노 때문에 할 것이 아니라 양심을 따라 할 것이라"라고 말하는데 여기서 우리가 주목해야 할 것은, 바울이 성경적 국가관을 논하던 중에 '양심'이라는 단어를 언급하게 된 이유입니다.

바울이 말하는 성경적 국가관에서 5절 말씀이 의미하는 바는 곧, 모든 그리스도인은 세상 사람들과 달리 각자의 양심에 따라 국가의 권위를 존중한다는 것입니다. 쉽게 말해서, 벌 받기 무서워서 법을 지키는 것이 아니라, 양심에 따라 자발적으로 법을 준수하고 국가를 존중한다는 것입니다. 그렇지 않고 신상필벌(信賞必罰)[1]의 원칙 때문에 마지못해 법질서를 지키고 사는 것이라면, 당근과 채찍을 써서 가축을 훈련하는 것이나 다름없는 인생이라고 바울은 말합니다.

지식과 양심은 바늘과 실의 관계이다

그러면 여기서 바울이 말하는 양심은 무엇을 의미하는지 잘 알아야 하겠습니다. '양심'이란 단어는 성경에 29번 나오는데, 그중

---

1 공로가 있는 자에게는 반드시 상을 주고, 죄가 있는 사람에게는 반드시 벌을 준다는 뜻으로, 상과 벌을 공정하고 엄중하게 하는 일을 이르는 말(표준국어대사전)

25번이 신약에서 나오고, 또 그중 20번이 바울이 쓴 단어입니다. 바울서신서 중에서도 고린도전서에서 '양심'이란 단어가 가장 많이 나오고 히브리서에서 3번, 베드로전서에서 2번 '양심'이 등장합니다. 그래서 어떻게 보면 이 '양심'이란 단어는 바울의 단어라고도 할 수 있습니다. 그런데 바울이 성경에서 말하는 양심의 의미는 우리가 일반적으로 생각하는 그런 상식적인 차원의 뜻과는 미묘하게 다릅니다.

'양심'은 영어로 'conscience'라고 하는데, 이것은 라틴어 '*consciéntĭa*'에서 유래한 말입니다. '*consciéntĭa*'의 '*con*'은 '함께'를 의미하고, '*ciéntĭa*'는 지식을 의미합니다. 즉, 바울이 말하는 양심은 '지식'을 수반하는 것으로 옳고 그름에 대한 문제, 의무이행과 태만에 관한 문제, 그리고 도덕적 가치에 관한 문제 등에 있어 우리 마음이 가책을 느낄 수 있도록 '지식'이 도움을 주는 것이라고 할 수 있습니다. 그러므로 바울의 '*consciéntĭa*'는 하나님의 말씀에 관한 지식을 수반하는 양심을 의미합니다. 역으로 말하면, 지식이 없는 양심은 바울의 관점에서는 성경적 양심이라고 할 수 없는 것입니다. 이것이 세상이 말하는 양심의 상식적 개념과 바울의 양심이 확실히 다른 이유입니다.

일반적으로 세상 사람들은 지식이 덜한 사람이 더 순수하고 깨끗한 양심을 가졌을 것이라고 추정합니다. 하지만 성경은 사람이 지식이 없고 순수할수록 악하다고 봅니다. 왜냐하면, 바울의 말씀처럼 양심은 올바른 지식이 수반되어야 제대로 기능을 하기 때문입니다. 원시인이 현대인보다 깨끗하고 순수한 양심을 가졌을 것이라고 짐작하는 것이 왜 설득력이 없는지도 바로 이 때문입니다. 진짜 양심이 있는 사람은 그 마음속에 하나님의 말씀이 가득 들어 있는 사람이고, 그러한 사람은 그 내면에 도덕적 판단 기준이 많아질 수밖에 없습니다. 평소 자신을 향해 도덕적 판단을 많이 하는 사람은 그만큼 더 양심적일 수밖에 없는 것입니다.

양심은 하나님이 우리의 마음속에 보내주신 정탐꾼과도 같은 것입니다. 하나님은 우리의 전적으로 타락한 본성 안에 양심을 심어 두셔서 우리가 무슨 생각을 하는지 감찰하십니다(욥 28:24, 잠 15:3, 창 16:13, 시 139:1). 또 양심은 우리 마음속에서 스승의 역할을 하면서 우리가 하나님을 무시하며 죄를 짓는 순간에도 생생하게 우리를 책망하고 죄책을 느끼게 합니다. 마지막으로 양심은 심판자가 되어 우리가 죄를 지을 때, 그 대가로 하나님께 얻게 될 형벌에 대해 경고합니다. 이렇게 양심의 역할은 크게 세 가지로 꼽을 수 있는데, 이 세 가지 역할에서 공통으로 알 수 있는 것은 양심이 우리 마음속에서 작용할 때, 우리에게 질문을 한다는 것입니다. 이것이 바로 하나님의 음성이고 말씀입니다.

양심의 올바른 작용도 교리 안에서만 가능하다

그런데 이렇게 양심이 제 기능을 하기 위해서, 즉 하나님께서 내 양심에 하시는 말씀을 잘 분별할 수 있게 하려면 우리 양심이 하나님의 말씀을 체계적으로 인지하고 있어야 합니다. 그래야 하나님의 말씀이 우리 양심을 예리하게 통제할 수 있기 때문입니다. 만약 교리의 체계가 없이 그저 머릿속에 단편적인 지식이 산재해 있는 상태라면, 기독교 세계관을 바로 정립할 수 없기에 말씀을 적용하고 실천하는 데에 어려움이 생기고, 실제 삶에서도 비신자와 똑같이 판단하고 행동할 수밖에 없습니다. 예를 들면, 진학이나 진로, 결혼과 같은 인생의 대소사를 결정할 때, 혹은 국가의 중대사인 선거에서 어떤 정당이나 사람을 지지해야 할 때, 어떻게 하는 것이 하나님의 말씀에 어긋나지 않는 선택인지를 판단하기가 어려울 수 있습니다. 특히 선거와 투표는 우리가 실제로 신앙을 지키는 데 있어서 가장 크게 행사할 수 있는 결정적인 권리임을 우리는 자주 망각합니다. 우리가 헌법에 명시된 신앙의 자유와 양심의 자유를 계속 지켜내려면, 어느 정당을 지지하고 어떤 인물에게 투표권을 행사할지를 바울의 국가관에 따라 면밀하게 따져 볼 필요가 있습니다.

앞서 1장에서 말씀드린 것처럼, 하나님을 믿기는 하지만 말씀이 아닌 상식에 근거하여 사고하는 사람은 거듭난 양심으로 이 세상의 일을 판단하는 것이 전혀 불가능합니다. 그래서 그들은 비신자들과 다름없이 선택하거나 투표하게 되어있습니다. 또 그들은 인생의 큰 어려움에 봉착할 때에도 결정적인 순간에 하나님의 뜻과 다른 선택을 하기에, 하나님의 말씀이 자신을 붙잡아 주시고 인도하시는 것을 경험할 수 없습니다. 이것이 바로 양심에 화인 맞은 자의 특징이며, 실질적이고 실제적인 무신론자의 특징이기도 합니다. 그래서 그리스도인은 자신의 양심에 하나님의 말씀이 체계적으로 자리 잡고 있는지 끊임없이 점검해보아야 합니다. 우리의 판단 기준은 보편적인 사람들이 가지고 있는 상식과는 다르기 때문입니다.

자연인의 양심과 거듭난 사람의 양심

여기서 문제는 도덕적인 자연인(거듭나지 않은 사람)은 하나님의 말씀이 아닌, 상식과 통념 수준의 도덕관을 가지고 있다는 점입니다. 자연인이 생각하는 도덕은 하나님의 말씀이 없어도 학창 시절 도덕 수업을 들었던 학생이라면 누구나 다 알 수 있는 정도, 즉 "부자는 가난한 사람에게 베풀어야 한다", "위험에 처한 사람을 발견하면 그냥 지나치지 말고 도움을 주어야 한다", "내 자유를 위해 남에게 피해를 주어서는 안 된다" 등의 수준에서 벗어나지 못합니다. 이러한 것들은 예수님의 구원론이 없어도 세상의 질서를 지키고 유익을 끼치는 데 어느 정도 도움을 줄 수 있습니다.

거듭난 자와 도덕적인 자연인은 근본적으로 성격이 다릅니다. 한마디로 거듭난 사람은 하나님을 영화롭게 하려고 사는 사람들인 반면, 자연인은 자기 자신의 영광을 위해 사는 사람들입니다. 거듭난 사람은 말 그대로 새롭게 태어났기에 삶의 중심이 하나님이지만(God-centered life), 자연인은 자신의 명예와 유익을 위해 살기 때문에, 우주의 중심이 자기 자신인 사람입니다(Self-centered life).[2] 도덕적인 자연인이 하는 작은 선행 역시, 진짜 동기는 자아실현과 자기만족이라고 하는 것이 가장 정확할 것입니다.

어떤 사람이 (교회 출석 여부와 상관없이) 오로지 자신을 위한 삶을 산다면, 그는 회심한 사람이라고 보기 힘들다는 결론을 도출할 수 있습니다. 도덕적인 자연인은 하나님의 말씀과 자신의 가치관이 대치할 때, 부자 청년처럼 하나님의 말씀을 떠나는 결정을 하는 것입니다(막 10:17~22).

이와 달리 회심한 사람은 내 생각이 하나님의 말씀과 대치할 때, 기꺼이 자기 생각을 말씀에 맞추어 수정하는 사람입니다. 그렇기 때문에, 영혼이 거듭나서 하나님의 유익을 구하는 사람만이 진정으로 다른 사람의 유익도 구할 수 있습니다. 정치관도 마찬가지입니다. 거듭난 양심을 가진 자만이 바울이 말하는 성경적 국가관

---

2 G. I. 윌리암슨, 『소교리 문답 강해』, 최덕성 역, 개혁주의신행협회, 2016.

을 기꺼이 받아들이고 순종할 수 있을 것입니다. 국가의 정책을 바라보는 시각도 '내 개인적인 이익'이 판단의 기준이 아니라, 하나님의 말씀에 부합하는 것인지를 거듭난 자만이 점검할 수 있습니다. 그러면 이제 더 구체적으로 우리의 삶과 실제로 밀접한 관계가 있는 삶의 현안 중에서, 그리스도인이 놓치면 안 되는 가치 기준이 무엇인지 몇 가지 사례를 들어 말씀드리겠습니다.

낙태는 살인인가?

2019년 4월 우리나라의 헌법재판소는 임신한 여성의 자기 낙태와 의사의 낙태 수술을 처벌하도록 하는 형법 조항에 대해 헌법불합치 결정을 한 바 있습니다.[3] 재판부는 그러한 판결의 이유가 낙태죄 조항이 헌법상 과잉금지원칙을 위반해 임신한 여성의 자기 결정권을 침해하기 때문이라고 하였습니다. 이것은 국회에서 대체입법을 기다리는 상태여서 현재 낙태죄 처벌이 이뤄지지는 않지만, 안타깝게도 음지에서는 여전히 낙태가 이뤄지고 있는 것이 현실입니다.[4]

낙태가 2년 연속 전 세계 사망 원인 1위를 기록한 가운데, 작

---

3 형법 제269조 제1항 등 위헌소원 [전원재판부 2017헌바127, 2019. 4. 11., 헌법불합치], https://www.law.go.kr/LSW/detcInfoP.do?mode=1&detcSeq=150780#sa
4 문화일보, 《낙태죄 없어진줄 알았더니 후속입법 결국 해를 넘겼다》, 이윤식, 2021.12.31. https://www.mk.co.kr/news/society/view/2021/12/1224598/

년 사망 원인 중 낙태는 약 4,260만 건으로, 2위인 전염병 사망자 약 1,300만 명보다 3배 이상 많았다고 합니다.[5]

낙태 찬성론자의 주장에 따르면, 수정란이 일정 기간을 거쳐 사람의 모양을 갖추기 전에는 하나의 세포에 불과하고 사람으로 볼 수 없기에 낙태는 살인이 아니라고 합니다.[6] 하지만 그러한 기준은 과학적 타당성이나 윤리적 정당성의 근거를 어디에서도 찾을 수 없고, 사회적으로 합의된 통념도 아니며, 그저 소수 시민단체와 그 지지자들의 사견에 불과한 것입니다.[7] 최악의 경우는 낙태를 찬성하면서 동시에 동물해방운동[8]을 하는 사람들입니다. 한편으로는 동물을 아끼고 보호하자고 역설하면서, 다른 한 편으로는 사람인 태아를 죽일 자유를 달라고 외치는 것입니다.

태아는 세포의 모양을 하든, 팔다리가 발육된 인간의 모습을 한 상태이든 모두 다 하나님의 형상을 따라 지어진 생명체입니다. 그렇기 때문에, 기독교는 낙태를 살인죄로 보고, 산모의 행복과 편

---

5 문화일보, 《낙태, 전 세계 사망 원인 1위… 작년에만 총 4,260만 건》, 강혜진, 2022.01.06.: 미국 크리스천포스트(CP)에 따르면, 건강, 전 세계 인구, 기타 지표 등을 실시간으로 추적하는 데이터베이스인 '월드미터'는 최근 세계보건기구(WHO)가 입수한 데이터를 바탕으로 전 세계에서 시행되는 낙태 건수를 산정해 발표한 바 있다. https://www.christiantoday.co.kr/news/344880

6 찰스 콜슨, 낸시 피어시, 『그리스도인, 이제 어떻게 살 것인가?』, 정영만 역, 요단출판사, 2002.

7 찰스 콜슨, 나이젤 카메론, 『생명공학, 판도라 상자의 열쇠인가?』, 정서영 역, 홍성사, 2009.

8 필자는 피터 싱어(Peter Albert David Singer)와 같은 동물해방운동가의 견해에 동의하지 않음. 마이클 셸런버거, 『지구를 위한다는 착각: 종말론적 환경주의는 어떻게 지구를 망치는가』, 노정태 역, 부키, 2021. 참조

의를 위해 태아를 죽이는 일을 죄 없다 할 수 없습니다. 그러므로 우리는 이것을 말로 가르치고 글로 써서 세상에 알리고 더 이상 성경이 말하는 죄악을 당연시하는 풍조가 확산되지 않도록 막는 데 힘을 써야 합니다.

학생에게 독이 된 '학생 인권'

2010년 새로운 교육감이 취임하면서, 교내 학생 인권 운동이 화두가 되면서 학교 내 체벌이 금지되었습니다.[9] 아이러니한 것은 교사의 체벌을 금지하는 지금, 체벌이 성행하던 예전보다 학생 자살률이 훨씬 더 높다는 것입니다. 또한, 한강의 기적을 일으키고, 지금의 대한민국을 세계 10대 강대국으로 일군 세대는 오히려 학교에서 교사로부터 체벌과 훈육을 받았던 부모님 세대라는 점도 우리에게 시사하는 바가 매우 큽니다. 물론 무분별하고 잘못된 체벌 관행의 답습은 지양되어야 하겠지만, 그동안 정부의 정책과 사회 풍조가 '학생 인권'에만 너무 치우친 나머지, 학교에서 인성교육과 훈육은 고사하고, 교실에서 이루어져야 할 기본적인 학습 지도마저도 불가능하게 되었다는 점이 가장 큰 문제입니다.

---

9 서울특별시 학생인권 조례 [서울특별시조례 제7888호, 2021. 3. 25., 일부개정], 제2절 제6조 (폭력으로부터 자유로울 권리). https://www.law.go.kr/%EC%9E%90%EC%B9%98%EB%B2%95%EA%B7%9C/%EC%84%9C%EC%9A%B8%ED%8A%B9%EB%B3%84%EC%8B%9C%ED%95%99%EC%83%9D%EC%9D%B8%EA%B6%8C%EC%A1%B0%EB%A1%80

이처럼 학생 인권 운동과 체벌 금지로 인한 교권 침해와 역차별 문제가 갈수록 심각해지자, 일부 보수 시민단체에서는 입법부와 협력하여[10] 교권 회복을 위한 운동에 나서기 시작했다는 반가운 소식도 있습니다.[11] 우리 자녀들의 영혼과 미래를 생각할 때 이것은 매우 고무적인 일이라고 할 수 있습니다.

일류는 고통을 먹고 산다

얼마 전 한 지인과 공교육의 문제점과 관련하여 재미있는 대화를 나눈 적이 있습니다.

"목사님 실례지만, 자녀가 몇 분이세요?"

"네, 세 명입니다."

"아, 그러시군요. 저희 아이들은 특성화 중학교를 진학했는데, 거기가 뭐... 학생들이 여러 가지 체험도 하고 놀이도 하면서 즐겁게 공부할 수 있는 환경을 만들어 주는 곳이라고 하더라고요."

"네, 그렇군요, 사장님. 그런데 솔직히 저는 학생들이 현행 입시제

---

10 기독일보, 〈오늘날 교사의 인권은 얼마나 보호되고 있나, 국민희망교육연대와 '요즘것들연구소'(소장 하태경 의원) 스승의날 앞두고 토론회… '학생인권조례' 문제점 등 논의〉, 김진영, 2021. 05. 15. https://www.christiandaily.co.kr/news/103709#share

11 한국교육신문, 〈교사 인권보호 위한 '송경진법' 시급 : 국민희망교육연대 등 스승의날 특별포럼 개최, "송 교사 비극 막으려면 법으로 피조사자 보호해야", 하태경 국민의힘 의원 법 마련 의지 드러내〉, 김예람, 2021.08.09. https://www.hangyo.com/news/article.html?no=94355

도 하에서 필요한 교과 내용을 과연 체험 위주의 학습을 통해 효과적으로 습득할 수 있을지 좀 의문입니다. 왜냐하면 모든 좋은 것, 훌륭한 것은 피나는 수고와 노력을 통해 얻어지는 것이 아닙니까? 좋은 대학을 가고 싶으면 그만큼의 인고의 시간도 필요한 법인데 저는 개인적으로 특성화 학교의 교육 효과에 대해서는 솔직히 아직 회의적입니다."

제가 이렇게 말하자, 그 말을 들은 지인은 잠시 멈칫하더니 이렇게 말을 이었습니다.

"그러면 목사님 아이들은 어떻게 교육하시나요?"
"저희 아이들은 스파르타식으로 교육합니다. 열심히 안 하면 훈육을 해서라도 공부시켜서 좋은 성과를 거두게 할 생각입니다."
"그러면 아이가 반발심이 생겨서 더 엇나가지 않을까요?"
"물론 그런 우려가 없지는 않지만, 가급적이면 부작용을 최소화하는 범위 내에서 할 생각입니다. 그리고 사장님, 공부 잘하는 사람들이나 어려운 시험 합격한 수험생들 합격 수기를 보시면 아시겠지만, 사실 좋은 학업 성과를 거둔 사람들은 스파르타식보다 더 혹독하게 공부하면 했지, 덜하지 않다는 것을 아실 수 있을 겁니다. 힘들이지 않고 쉽게 공부해서 어려운 시험에 합격했다는 수기를 보신적 있나요? 아마 거의 찾아보기 힘드실 것입니다."

"하... 그러게요. 목사님. 사실 저희 아이도 가만히 보면 저게 진짜
공부인지 뭔지 잘 모르겠을 때가 있어요. 사실 저도 우리 아이가 공
부하는 거 보면서 솔직히 저렇게 공부해서 그 힘든 입시 과정을 견
뎌낼 수 있을지 의아할 때가 많습니다."

얼마 전에 끝난 2020 도쿄 올림픽이 우리에게 진한 감동을 선
사했던 이유는, 전 세계적인 펜데믹(Pandemic) 시국에도 불구하고 피
나는 노력을 멈추지 않은 선수들의 수고와 땀이 있었기 때문입니
다. 비단 올림픽 메달리스트뿐만 아니라 다른 모든 분야도 마찬가
지이겠지만, 일류를 차지한 사람들의 공통점은 남다른 인고의 시
간을 견뎌냈다는 것입니다. "모든 좋은 것은 뼈를 깎는 노력 없이
얻어지지 않는다"라는 명제는 만고불변(萬古不變)의 진리라고 해도
과언이 아닐 것입니다. 그런데 안타깝게도 현행 공교육의 추세는
학생들에게 인내와 훈련보다는 쉽고 즐겁게 공부할 수 있는 환경
을 조성하는 방향으로 기울어 가고 있습니다.

그러한 서북부유럽식의 교육은 우리나라의 입시제도뿐만 아니
라 사회 경제 전반의 상황과도 맞지 않는 제도이기도 합니다.[12] 서

---

12 데이지 크리스토둘루, 『아무도 의심하지 않는 일곱 가지 교육 미신』, 김승호 역, 페이퍼로
드, 2018.

북부 유럽은 경제 성장의 주요인이 무한한 관광자원이나 천연자원에 있는 반면에, 우리나라는 "사람이 재산이다"라고 해도 과언이 아닐 만큼 인적자원이 경제 성장의 중요한 원천이기 때문입니다.

동성애의 기회비용은 비동성애자의 몫이다

2003년 우리나라에서 영화 《무간도》가 상영되면서, 그것이 동성애 영화인지 아닌지에 대한 논란이 뜨거웠던 적이 있습니다. 그런데 사실 2003년 우리나라에서는 더 중요한 사건이 있었습니다. 청소년보호법시행령 상 청소년유해매체물 심의기준에서 동성애 조항이 삭제된 후 발효하기 시작한 날이 바로 2003년 4월 30일이었던 것입니다.

여기서 더욱 중요한 것은 2003년 청소년유해매체물 심의기준에서 동성애 조항이 삭제된 이후 청소년 에이즈가 급증하기 시작했다는 것입니다.[13] 1998년부터 2003년까지 매년 0~6명 발생했던 전국 10대 HIV[14] 감염인은 2004년부터 급격히 증가하기 시작했습니다. 2004년 12명이었던 신규 10대 감염인은 2008년에는 20명, 2011년에는 40명, 2013년 53명, 2015년 42명에 달합니다.[15] 그

---

13 크리스천투데이, 〈전 세계 감소 중인 '에이즈' 감염… 왜 한국만 급증하나〉, 송경호, 2021.11.23. https://www.christiantoday.co.kr/news/343925
14 에이즈 원인이 되는 바이러스(human immunodeficiency virus)
15 중앙일보, 〈에이즈 원인 'HIV' 10대 청소년 감염 증가〉, 채혜선, 2017.08.31. https://www.joongang.co.kr/article/21893948#home

리고 에이즈 감염경로 중 가장 큰 비중을 차지하는 것이 성관계인데,[16] 그중 절반 이상을 차지하는 것이 동성 간(주로 남성 동성애자 간)의 성관계이고,[17] 동성애자의 에이즈 감염확률이 일반인보다 매우 높다는 연구 결과도 발표되었습니다.[18]

동성애 옹호론자들과 정치인들은 이러한 진실은 외면한 채, 인권 보호라는 미명하에 동성혼 합법화와 차별금지법을 강력히 주장하고 있습니다. 이럴 때 우리 그리스도인들은 위와 같은 근거 자료를 제시하며 동성애 부작용의 실태를 알릴 수 있어야 합니다.

특히 최근에 부각한 문제는 에이즈 치료에 국민건강보험 적용을 적용하는 것이 과연 공정한가하는 문제입니다. 관련 보도에 따르면 2017년 기준 지난 5년간, 에이즈 환자에게 지출된 건강보험 재정이 4천억 원 넘는 것으로 조사됐습니다.[19] 이후로도 에이즈 치

---

16 뉴시스, 〈국내의 신규 HIV · AIDS 감염경로의 99.8%는 성 접촉에 의한 감염이다: 코로나19로 에이즈 원인 'HIV 감염' 사각지대, 보건소 업무 마비…HIV 선별 검사 절반으로 '뚝', "팬데믹 시기, HIV · 에이즈 감염 관리 더욱 중요"〉, 송연주, 2021.10.08. https://mobile.newsis.com/view.html?ar_id=NISX20211007_0001606793#_enliple

17 보건복지부 보도자료, 〈2017 HIV/AIDS 신고 현황 연보〉, 2018.08.09.: 2017년 조사 당시 신규 감염 내국인 1,009명 중 '감염경로'에 대한 역학조사 질문에 응답한 사람은 753명이며, 이 중 752명은 성접촉(동성 간 358명 48%, 이성 간 394명 52%)에 의한 감염이라고 응답하였다. (남자) 959명 중 응답자는 715명이며, 이 중 714명은 성접촉(동성 간 358명 50%, 이성 간 356명 50%)에 의한 감염이라고 응답하였다. (http://www.mohw.go.kr/react/al/sal0301vw.jsp?PAR_MENU_ID=04&MENU_ID=0403&CONT_SEQ=345659)

18 국민일보, 〈남성 동성애-에이즈 연관성, 의학적 근거 나왔다, 연세대 김준명 교수 감염경로 연구〉, 백상현, 2018.04.16.
http://m.kmib.co.kr/view.asp?arcid=0923934044

19 ① 의사신문, 〈에이즈로 인한 건강보험 재정 지출 4천억 넘어〉, 홍미현, 2017.10.20. http://www.doctorstimes.com/news/articleView.html?idxno=189607
② 의학신문, 〈국내 에이즈 환자 증가세…작년 치료비로 1,000억 사용〉, 황병우, 2017.10.13.

료 예산은 매년 급속도로 증가하고 있고, 에이즈 치료제 중 고가의 약품이 건강보험 적용대상으로 계속 추가되는 실정입니다.[20]

이처럼 에이즈 환자에게 직간접적으로 지원되는 예산은 1인당 수혜금으로 환산했을 때도, 6.25 참전 용사와 천안함 유공자에게 지급되는 예산 대비 턱없이 많은 액수입니다. 이는 형평의 원리에 매우 어긋나는 것으로, 일각에서는 비동성애자 유권자들과 납세의무자들의 불만을 고조시켜, 오히려 동성애자에 대한 불만과 혐오감을 더 부추긴다는 의견도 있습니다.

최근에 제일 야당 대선후보가 여성가족부 폐지를 공약으로 내세우면서 '여성가족부 존폐 여부'가 연일 화제로 부각하고 있는데,[21] 가치편향적 성격이 강한 '성인지예산제도' 역시 폐지가 시급한 정책 중 하나라고 볼 수 있습니다.[22]

세액이 먼저냐, 세율이 먼저냐

세금은 한 국가를 운영하기 위한 가장 기본적이면서도 중요한 수입원입니다. 세금으로 경찰이나 소방관 같은 공무원에게 급여를

---

http://www.bosa.co.kr/news/articleView.html?idxno=2070152

20 중앙일보, 〈7100만원 항암제 350만원으로…에이즈·난소암 약에도 건보〉, 이우림, 2021.09.28. https://www.joongang.co.kr/article/25010428#home

21 한국일보, 〈윤석열이 쏘아 올린 '여가부 폐지', 국민 52% "찬성"〉, 윤주영, 2022.01.12. https://www.hankookilbo.com/News/Read/A2022011210550000716

22 MBC, 〈성인지 예산 35조원 쓰는 여가부?〉, 전준홍, 2021.07.15. https://imnews.imbc.com/replay/2021/nwdesk/article/6286638_34936.html

지급하기도 하고, 소년 소녀 가장, 조부모 가정과 같은 사회적 약자가 최소한의 생활을 유지할 수 있도록 생계비와 의료비를 지원하기도 합니다. 그런데 이러한 세금에는 합리적인 세금과 비합리적인 세금, 두 가지가 있습니다. 다시 말하면, 세금에도 공정한 세금과 불공정한 세금이 있다는 것입니다. 불공정한 세금의 대표적인 예로 누진세 제도를 꼽을 수 있습니다. 누진세는 경제력의 차이를 소득금액이 커질수록 높은 '세액'이 아닌 높은 '세율'을 기준으로 부과하여 특정 소득계층에만 상대적으로 불이익을 주는 불공정한 조세제도라고 할 수 있습니다. 이해를 돕기 위해 간단한 예를 들어 설명하겠습니다. 월 실수입이 50만 원인 사람 A와 1,000만 원인 사람 B가 있다고 가정하고 각 10%씩 똑같은 세율을 적용하여 부과했을 때, 실제로 두 사람의 납세액은 각각 5만 원, 100만 원으로 소득액의 차이만큼이나 세액도 B가 A의 20배를 부담한다는 것을 알 수 있습니다. 만약 여기에 누진 세율을 적용하게 되면 이미 세금을 20배나 많이 부담하고 있는 B는 더 큰 불이익을 얻는 것입니다. 이는 형평의 원리와도 맞지 않는 것입니다.

십일조에 누진율이 부과된다면?

누진세가 성경적이지 않다는 점은 '십일조'의 원리에서 가장 잘 드러납니다. 성경은 부자들의 십일조에 대해 그 어떠한 변칙을 두고 있지 않습니다. 성경은 부자라고 해서 10분의 2 이상을, 가난한 자라고 해서 10분의 1 이하를 예물로 드리라고 하지 않는 것입니다. 성경 어디에서도 부자들에게 십일조에 할증을 부과한 사례는 찾아볼 수 없을 것입니다. 그동안 누진세는 우리에게 익숙하고 당연시 여겨졌던 반면에, 십일조의 일관성과 불변성은 많은 그리스도인에게 간과되고 있었습니다.

경제학의 아버지인 애덤 스미스(Adam Smith, 1723~1790)는 그의 저서 『정의에 대하여』에서, "정부의 기원은 외적의 침입으로부터 개인의 재산을 지키기 위한 것"[23]임을 역사적 근거를 제시하며 설명한 바 있습니다. 국가의 역할은 국민의 재산을 안전하게 보호하는 경찰과 군인으로서 역할이 시작이었고, 최선이기도 하다는 것입니다. 그의 논리에 의하면 정부의 과도한 과세는 국가가 본분을 망각하고 국민의 재산권을 침해하는 것이나 다름없습니다.

예수님의 달란트 비유에서도 달란트를 받은 일꾼들은 누진율이 아닌 동일 비율로 이익을 남겼고, 그것에 대해 주인은 책망이 아닌 칭찬으로 보답했습니다(마 25:14~24). 즉, (더 부자인) 다섯 달란트 받은 자가 두 달란트 남긴 자와 같은 비율의 이익을 내었을 때 주인은 그를 책망한 것이 아니라 '착하고 충성된 종'이라며 칭찬을 해준 것입니다. 이처럼 성경은 누진의 원리가 아닌 동일 비율을 주

---

23 애덤 스미스, 『정의에 대하여』, 정명진 역, 부글북스, 2016.

장합니다. 성경 어디에서도 세율을 이중, 삼중 반복해서 부과하여 징수한 예시, 쉽게 말해서 부자가 세금을 더 많이 내야 함을 주장하는 비유나 예시는 없다는 것입니다.

재벌가와 기업인: 세금 많이 내는 마녀

이를 통해서 우리는 하나님이 의도하시는 정의가 '세액'의 공평함이 아니라 '세율'의 공평함이었다는 것을 잘 알 수 있습니다. 또한, 누진세는 정쟁의 도구로 악용되는 경우가 많습니다. 왜냐하면, 유권자 중에서 부자는 극소수에 불과하기 때문입니다. 정치인이 부자에게 세금을 많이 징수하여 보편복지를 늘리는 공약을 내세우면 다수의 유권자는 환호하게 되어 있습니다. 때로는 이것 때문에 위정자가 재벌가를 마녀사냥 하거나, 기업인의 작은 과오를 침소봉대하여, 형사법상 과한 법리를 적용받도록 선동하기도 합니다.[24] 하지만 그리스도인은 외모로 사람을 판단하지 않기에 그러한 현상들을 지혜롭게 분별할 수 있어야 합니다. 외모로 사람을 판단하지 않는다는 말 속에는 '부자라서 우대하지도 않지만, 부자라는 이유로 무고히 증오하지도 않는다'라는 의미도 포함되어 있습니다. 가장 아이러니한 점은, 기업인을 핍박하는 위정자들에게 주어지는

---

24 이병태, 『재벌이 대체 무슨 죄를 지었다고』, 나눔사, 2020.
    권혁철 외, 『자본주의 오해와 진실』, 북앤피플, 2016.

급여는 대부분 세수(稅收)인데 그 세수는 거의 재벌가들이 감당한다
는 점입니다.

04

/

칼빈주의와
정치

(롬13:1~7)

4. 칼빈주의와 정치

(롬 13:1~7)

교회에서 정치 이야기는 금기 사항인가?

로마서 13장을 설교하면서 가장 많이 들었던 질문이 "목사님 그동안 설교 단상에서 정치 이야기를 한마디도 안 하시다가 갑자기 왜 정치 이야기를 많이 하세요?"라는 것입니다. 앞서 1장에서도 말씀드렸지만, 이유는 간단합니다. 로마서 1장에서 12장까지 바울은 구원론에 관해 이야기하고 13장은 정치에 관한 이야기로 시작합니다. 그동안은 로마서 본문에서 바울이 정치 이야기를 안 했기 때문에, 설교 단상에서도 정치를 언급하지 않은 것이고, 13장은 정치 이야기로 시작하기에 본문에 충실하여 바울의 정치관을 소개하는 것입니다. 이것은 강해 설교가 가진 강점이자 무기이기도 합니다. 주제 설교는 설교자가 자신이나 청중의 필요에 따라 본문과 주제를 선택한다는 오해를 받기 쉽지만, 강해 설교는 본문

중심의 설교를 하기 때문에 그러한 오해와 비난으로부터 떠나있을 수 있습니다.

　최근, 전직 대통령 탄핵 사건 이후 우리나라 정계에 있었던 몇 가지 사건을 두고 교회 내 신자들 간에도 서로 의견이 분분해지자, 대부분 교회가 정치 이야기를 금기시하기 시작하였습니다. 이것은 공동체 안에서 정치적 이견으로 분란이 생기는 것을 막자는 취지에서 시작된 움직이었지만, 이로 인해 성경적 관점에서 현실 정치를 어떻게 바라볼 것인지에 대한 고민조차 사라지게 되는 부작용이 발생하기도 하였습니다. 교회 안에서 신앙에 관한 문제보다 사회 정치 문제가 더 우선시 되는 것을 막기 위한 노력이 과하다 보니, 이제는 아예 성경적 정치관이 무엇인지조차 언급할 수 없게 되었고, 그로 인해 성도들은 각자 소견에 옳은 대로 사회 현상을 바라보며 하나님의 말씀이 아닌 세상 사람들이 분석하고 판단하는 방식대로 정치적 판단을 하게 되었던 것입니다.

　한 공동체 안에서 신앙의 색깔과 신학적 입장을 같이하는 영적인 동지 간에 정치적 이견으로 마찰이 생기는 근본적 원인은 바로 그 때문입니다. 그래서 교회에서는 정치 문제에 대한 언급을 회피하면 안 됩니다. 오히려 성도들이 신앙의 문제뿐만 아니라, 현실과 가장 밀접한 정치 문제도 진리 안에서 하나된 시각을 가질 수 있도록 말과 글을 통해 부단히 가르치고 전해져야 합니다.

칼빈주의는 정치 문제에 적극적이다

칼빈주의는 정치 문제에 있어서도 결코 소극적이지 않습니다. 왜냐하면 칼빈주의는 신학과 신앙의 영역을 넘어서 삶의 전 영역에 관한 문제를 실질적으로 다루기 때문입니다. 아브라함 카이퍼는 칼빈주의에 대해 이렇게 말합니다.

> "그리스도인의 삶에 관한 실제적인 영역, 심지어 성도가 투표장에서 어디에 도장을 찍어야 하는지까지 구체적으로 응용할 수 있는 신학은 오직 칼빈주의 밖에 없다."

성도의 구원 문제뿐만 아니라 실제로 가정, 생업, 교육, 사회, 정치, 문화 등 삶의 모든 영역에 걸쳐 적용할 수 있는 실천적 신학이 바로 칼빈주의라는 것입니다. 다른 말로 하면, 오직 칼빈주의 체계 안에서만 기독교 세계관의 원리를 도출할 수 있습니다. 따라서 이번 장(章)에서는 아브라함의 카이퍼가 설명하는 칼빈주의 국가관에 대해 살펴보고자 합니다.

유토피아주의와 공동체주의

먼저 아브라함 카이퍼의 국가관을 이해하기 위해서는 카이퍼의 인간론을 이해하는 과정이 필요합니다. 카이퍼에 의하면 원래 인류는 '낙원'인 에덴동산에서 '하나의 공동체'로 시작하였습니다. 그러나 첫째, 아담의 원죄로 에덴동산에서 쫓겨난 인류는 둘째, 바벨탑 사건으로 말미암아, 전 세계로 뿔뿔이 흩어지게 되었습니다. 여기서 주목할 것은 바로 이 두 가지 사건 즉, '에덴동산에서 추방당한 것'과 '바벨탑에서 흩어진 것'입니다.

아브라함 카이퍼에 의하면 인류는 바로 이 두 가지 사건으로 인해, 두 가지 욕망을 소유하게 되었는데, 하나는 낙원에 살고자 하는 욕망이고 다른 하나는 하나의 공동체를 이루고자 하는 욕망입니다. 비록 아담의 원죄로 상실되었지만, 인간의 내면 깊숙한 곳에는 여전히 하나의 공동체를 이루고자 하는 욕망과 낙원에서 살고자 하는 귀소본능(歸巢本能)이 살아 있다는 것입니다.

이것은 역대 제국 군주들이 보여준 성향에서 가장 잘 드러납니다. 알렉산더, 시저, 나폴레옹과 같은 유명한 군주들의 공통점이 바로 천하통일, 즉 세계를 자신이 통치하는 '하나의 공동체'로 만들려고 노력했다는 것입니다. 그들은 남다른 열망을 가지고, 자신의 무력과 지략을 총동원해서 이 세상을 하나로 통합할 뿐만 아니라, 그 '하나'된 공동체를 '낙원'으로 만들려고 했습니다.

이처럼 세상을 낙원으로 만들 수 있다고 생각하는 사람들의 특징은 인간의 '원죄'를 간과하고 인간을 선한 존재로 본다는 것입니다. 인간이 '낙원'에서의 '하나'된 삶을 빼앗긴 이유가 죄 때문인데,

그 죄를 간과하여 인간을 선한 존재로 생각하고 다시 '하나'가 되어 '낙원'을 만들 수 있을 것이라고 착각하는 것입니다.

여기서 우리가 꼭 알아야 할 매우 중요한 사실이 하나 있습니다. 앞서 말한 제국주의 군주들이 추구했던 '낙원'과 '공동체' 개념은 필연적으로 '유토피아주의'와 '공동체주의'로 발전하게 되어있다는 점입니다. 아이러니하게도 낙원을 건설하겠다는 유토피아주의는 근대 세계의 가장 억압적인 정책을 낳았습니다. 실제로 완전한 사회를 건설한다는 유토피아적 프로그램은 언제나 '저항하는 사람들'이나 '구습에 머물러 있는 사람들', 한 마디로 자신들의 주장에 동조하지 않는 존재들을 멸절한다는 의미도 포함합니다. 인간의 원죄를 부인하는 사상, 즉 인간을 선한 존재로 간주하는 사상은 죄와 악에 대한 성경적인 가르침을 거부하고, "인간은 원래 선하므로 완전한 사회, 낙원을 만들 수 있다"라고 주장하는 것입니다.[1] 그래서 아브라함 카이퍼는 유토피아주의자들을 가리켜, '인간이 진입할 수도 없는 영역에 들어가고자 끊임없이 이상을 꿈꾸는 자'들이라고 하였습니다. 유토피아주의는 현대사회에서 버젓이 신화가 되어 파시즘의 뿌리가 되기도 하였습니다.[2] 그것은 한 개인의 가치를 '낙원을 이루기 위한 수동적으로 존재'로 평가 절하함으로써 그들

---

1 찰스 콜슨, 「그리스도인 이제 어떻게 살 것인가?」, 259.
2 찰스 콜슨, 「그리스도인 이제 어떻게 살 것인가?」, 262~267.

의 자유와 존엄을 박탈하기 때문입니다.

사회주의 운동은 반기독교적이다

유토피아주의에서 파생된 사상이 기독교와 대립할 수밖에 없는 이유는 앞서 말씀드린 것처럼, 인간의 본성에 대한 상반된 시각 때문입니다. 왜냐하면, 사회주의가 추구하는 '낙원'과 '공동체'는 이미 하나님께서 에덴동산과 바벨탑 사건을 통해, 인간이 더 이상 누릴 수 없도록 막아버리신 영역인데 그것을 끊임없이 침노하는 이상주의자들이 바로 유토피아주의자들이고 사회주의자들이기 때문입니다. 칼빈주의자 중에서 유일하게 사회주의의 실체를 목격한 아브라함 카이퍼는 "사회주의 운동가는 가장 반기독교(적 집단이다"라고 말하였습니다.

인간의 원죄를 부정하는 자연주의 철학자 루소는 1793년 프랑스 혁명 후의 공포시대를 이끈 로베스피에르(Robespierre)를 비롯하여 마르크스, 히틀러, 마오쩌둥과 같은 혁명가들에게 영감을 주었던 사람입니다. 심지어는 폴 포트(Pol Pot, 1928~1998)와 파리에서 공부한 그의 테러리스트 장교들조차 그들의 부하들이 캄보디아 인구 1/4을 학살하는 동안 루소를 공부하였다고 합니다. 로베스피에르와 그의 동료 자코뱅(Jacobins)은 루소의 사상, 즉 "각 개인은 자유

하도록 강요되어야만 한다"[3]라는 말을 자의적으로 해석하여, '새로
운 질서를 반대하는 사람들은 모두 유죄판결을 내리고 처형당하는
것'을 포함한다고 이해하였습니다. 그래서 그 해에 30만 명의 귀
족, 사제, 정치적 반대자들이 투옥되었고 17,000여 명이 죽었습니
다. 이와 동일한 기본 패턴은 마르크스의 철학에서도 볼 수 있는
데, 국가에 대한 마르크스주의의 유토피아적 전망의 결함은 타락
에 대한 기독교의 기본 가르침을 부인하는 것입니다. 그에게 있어
서 종교와 도덕은 한 계급의 경제적 이권을 합리화하기 위해 사용
된 이데올로기일 뿐이었습니다. 마르크스주의로 만들어진 전체주
의 국가들이 보편적인 도덕적 원리도, 초월적인 정의도, 살인적인
잔인성에 대한 도덕적 한계도 알지 못했다는 것은 놀랄 일이 아닙

---

3 찰스 콜슨, 『그리스도인 이제 어떻게 살 것인가?』, 266.: 루소의 철학에서 파생한 근대의 혁
   명 개념은 특정한 지배자를 전복시키는 정치적인 반역만이 아니라 무(無)에서 새로운 이상
   사회를 건설하기 위해 기존의 사회를 완전히 파괴하는 것을 포함하는 것이다. 전통적인 사회
   이론은 과거(하나님이 창조하신 표준적인 인간의 본성)에 호소함으로써 주어진 행동을 정당
   화하는 반면에 근대혁명론자들은 미래(그들이 창조할 이상 사회)에 호소함으로써 자기들의
   행동을 정당화한다. 피비린내 나는 잔인무도한 혁명론자들의 행위가 구체제의 잿더미 위에
   완벽한 사회를 세우겠다는 약속으로 정당화되는 것이다. 그래서 근대혁명론자들은 수백만의
   사람들을 학살하면서 무자비하고 잔인하게 움직였다. 루소의 제자 중 그 누구도 이러한 재난
   의 결과를 예측하지 못했고, 누구도 "절대 권력은 틀림없이 부패한다"라는 사실을 고려하지
   못했다.
   왜냐하면 루소는 개개인이 본성적으로 선하다고 믿으면서 전능한 국가도 마찬가지로 선할
   것이라 확신하였기 때문이다. 그의 견해에 따르면, 국가는 개개인의 의지가 '일반의지' 속으
   로 녹아든 것이기 때문이었다. 루소는 실제로 국가는 언제나 옳고 공공의 선을 향하는 경향
   이 있다고 믿었다. 즉 "반드시 지속적이고 불변하며 순수하다"라고 말이다. 그런데 만일 몇
   몇 반항자들이 일반의지에 동의하지 못한다면 그것은 그들이 부패하였음을 증명하는 것이
   며, 그들의 진정한 자유가 일반의지에 순응하는 데 있다는 사실을 알 수 있도록 그들을 다그
   쳐야 함을 증명할 뿐이다. 루소가 말한 대로, 각 개인은 "자유하도록 강요되어야만 한다."

니다.[4]

신의 존재를 부정하는 대표적인 무신론 철학자 루트비히 포이어바흐(Ludwig Feuerbach 1804~1872)[5]는 "신은 인간이 자신의 편의를 위해 만들어낸 개념이다"라고 주장하였습니다.[6] 포이어바흐는 마르크스와 엥겔스(Friedrich Engels, 1820~1895)가 "우리는 순식간에 '포이어바흐주의자'가 되었다"라고 말할 정도로 그들의 사상에 결정적인 영향을 준 인물입니다.[7] 포이어바흐의 영향을 받은 마르크스는 후에 자신의 친구 엥겔스의 도움을 받아 '공산주의의 아버지'가 됩니다.[8] 이처럼 낙원을 꿈꾸었던 유토피아주의자들은 진짜 낙원이 아니라 공산주의라는 사상 초유의 비극을 선사하게 됩니다.

1990년대 프랑스 역사학자 스테판 쿠르투아(Stéphane Courtois, 1947~)가 이끈 일련의 학자들에 의해 밝혀진 바에 의하면, 20세기

---

4 찰스 콜슨, 『그리스도인 이제 어떻게 살 것인가?』, 265~267.
5 루트비히 포이어바흐, 『기독교의 본질』, 강대석 역, 한길사, 2008, 551.: 포이어바흐는 독일의 유물론(唯物論) 철학자이며 종교철학자이다. 남부 독일의 작은 도시 란츠후트에서 법률가의 아들로 태어난 그는 하이델베르크 대학 신학과에 입학했으나 (중략) 신학 교수들에게 실망하고 베를린 대학으로 옮겨 헤겔 철학을 공부했다. 그 후 점차 헤겔 철학에 대해 회의가 생겨 관념론 철학 일반에 대한 비판과 더불어 유물론 철학으로 넘어갔다. 『죽음과 불멸성에 관한 고찰』(1830) 등의 비판적인 저술 때문에 대학 강단에 설 수 있는 길이 막혀버린 그는 부르크베르크라는 시골에 은거하면서 철학사, 종교비판, 행복론 등의 광범위한 저술에 전념했다. 주요 저서로는 『종교의 본질에 대하여』, 『기독교의 본질』, 『베이컨에서 스피노자에 이르는 근세철학사』, 『라이프니츠 철학의 서술과 비판』, 『피에르 벨』 등이 있다. 그의 철학은 기독교 및 관념적인 헤겔 철학에 대한 비판을 통해 유물론적인 인간 중심의 철학을 제기하였고, 이는 뒷날 마르크스와 엥겔스에 의해 비판적으로 계승되었다.
6 루트비히 포이어바흐, 『기독교의 본질』, 13~20, 305~421.
7 프리드리히 엥겔스, 『루트비히 포이어바흐와 독일 고전철학의 종말』, 양재혁 역, 돌베개, 2015, 46.
8 존 프레임, 『서양 철학과 신학의 역사』, 2018, 397~419.

에 걸쳐 8,500만~1억 명이 공산주의 실험으로 인해 목숨을 빼앗겼다고 합니다. 나라별로 보면 중국 6,500만 명, 구소련 2,000만 명, 북한 200만 명(90년대 기준), 캄보디아 200만 명, 아프리카 170만 명, 아프가니스탄 150만 명, 베트남 100만 명, 동유럽 100만 명, 라틴아메리카 15만 명, 국제 공산주의 운동 약 1만 명이 공산주의로 인해 희생된 것입니다.[9]

국가의 시작은 죄와 깊은 연관이 있다

에덴동산에서 추방당함으로 말미암아, '낙원'과 '하나(공동체)'를 상실한 인간은 바벨탑 사건 이후 같은 언어를 사용하는 사람들끼리 모여 점차 국가를 이루고 살아가게 됩니다. 이러한 일련의 과정들이 우리에게 시사하는 바는 국가가 탄생한 배경이 죄의 문제와 깊이 연관되어 있다는 것입니다. 이것은 크게 두 가지 면에서 우리에게 시사하는 바가 큽니다.

(1) 국가는 인간의 죄를 통제하기 위해 탄생했다

법원, 경찰, 군대, 세관 등 모든 공공기관은 근본적으로 인간의 죄된 본성을 통제하기 위해 창조된 것이라고 아브라함 카이퍼

---

9 Stéphane Courtois et al., *The Blackbook of Communism: Crimes, Terror, Repression,* Harvard University Press, 1999.

는 말합니다. 우리 어르신들이 자주 말씀하시는 "저 사람은 법 없이도 살 사람이야"라는 말은 국가의 공권력이 존재하는 목적과 역할을 잘 말해주고 있습니다. 즉, 죄가 없었다면 인간은 국가를 필요로 하지 않았을 것이라는 뜻입니다. 이것은 바울의 로마서 13장 1절 말씀과도 일맥상통합니다.

> "권세는 하나님으로부터 나지 않음이 없나니 모든 권세는 다 하나님께서 정하신 바라."

아브라함 카이퍼는 하나님의 다양한 창조 세계의 한 분야로서 국가, 교회, 정치, 문화, 학문, 예술 등 모든 일상적 생활의 범주가 하나님의 통치 아래에 있고, 국가 역시 타락한 인간을 통제하기 위해 하나님이 일시적으로나마 '허용'하신 수단이기에, 인간은 당연히 국가에 순복해야 한다고 전합니다.

(2) 인간도 국가의 죄를 감시해야 한다

국가가 인간의 죄로 인해 탄생했다는 사실은, 인간이 국가에 순복해야 함과 동시에 인간도 국가를 감시해야 한다는 것을 뜻합니다. 한 마디로, 국가는 순복의 대상인 동시에 감시의 대상이기도 한 것입니다. 언뜻 보면 '순복'과 '감시'라는 말은 상충하는 것 같지만, 절대 그렇지 않습니다. 왜냐하면, 국가의 공공기관 역시 인간에 의해 운용되는 것이기 때문입니다. 앞서 1장에서 언급한 바와 같이 국가의 '부당한 공권력 행사'라는 문제가 여전히 우리에게 남아있습니다. 그래서 예수님도 빌라도를 통해, 모든 권세자는 하나님의 허락하신 권세를 오남용할 때 그에 상응하는 대가를 치르게 될 것을 경고하셨습니다.

프랑스 혁명의 정신은 성경적인가?

지구상에서 마르크스의 공산주의 혁명 못지않게, 칼빈주의 세계관과 대치하는 사건이 있다면 바로 프랑스 혁명을 꼽을 수 있을 것입니다.[10] 프랑스 혁명은 서구 유럽 사회에 자유주의와 계몽주의 정신을 확산시켰을 뿐만 아니라, 서유럽 전역에 걸쳐 완전히 새로운 관점으로 사회를 재구성하고 개인의 삶을 영위하고자 하는, 거대한 시류를 형성하였습니다. 1789년의 프랑스 혁명으로 촉발된 반(反)신본주의적 세계관은 한 세기가 지난 19세기 후반에도 그 무신론적 기원에 대해 반론을 제기하는 사람이 거의 없었고, 그 이후로도 프랑스 혁명 정신은 유럽인들의 사상과 삶의 표준으로 영구히 자리 잡을 기세였습니다. 쉽게 말하면, 기독교적 관점에서 프랑스 혁명은 절대 왕정의 구습을 타파하고 '자유'와 '평등'의 정신

---

10 에드먼드 버크, 『프랑스 혁명에 관한 성찰』, 이태숙 역, 한길사, 2010, 183~205, 240~258.

을 구현한다는 미명하에 '신'(God-centered)의 자리에 '인간'(human-centered)으로 대체한 전환점이 된 사건이라고 할 수 있습니다.

아브라함 카이퍼 역시 이점을 정확히 인지하였습니다. 카이퍼는 프랑스 혁명에 내재된 이데올로기와 인본주의적 공공철학에 정면으로 반대하는 '반혁명당'(Anti-Revolutionary Party)[11]을 창당하고, 행동 지침으로 『아브라함 카이퍼의 정치 강령』(*Our Program: A Christian Political Manifesto*)을 출간하였습니다. 반혁명 운동의 기조를 간단히 소개하면 다음과 같습니다.

> "우리는 프랑스 혁명과 그로 인해 구현된 정치적, 사회적 구조에 반대한다. 프랑스 혁명은 하나님과 그분의 말씀을 인본주의적 비평(human criticism)에 굴복시키고자 하였고, (신의 존재를 필요로 하지 않는) '새로운 인간성'(the new humanity)을 통해 '새로운 세계'를 요구하기 때문이다."

아브라함 카이퍼는 이 책을 통해 세속적이고 이성주의적인 세계관, 즉 계몽주의 시대에 발생한 '인간의 자부심에 기인한 믿음

---

11 아브라함 카이퍼, 『아브라함 카이퍼의 정치 강령』, 손기화 역, 새물결플러스, 2018, 16~17.: 여기서 '혁명'이라는 단어는 단순히 1789, 1830, 1848년에 발생한 프랑스의 격변을 넘어서는 의미 즉, 프랑스 혁명에서 고취된 가치와 가정들을 의미한다. 다른 말로, '프랑스 혁명'에 의해 발생된 근본적인 가치관을 이르는 말이다.

체계'에 대하여 삶의 전 분야를 다루는 포괄적인 대안을 제시하였습니다.[12]

프랑스 혁명과 칼빈주의 혁명은 어떻게 다른가?

프랑스 혁명에 견줄 만한 칼빈주의 혁명은 1640년의 청교도 혁명, 1688년 영국의 명예혁명, 17세기 네덜란드의 제2 종교개혁, 18세기 미국의 독립전쟁 등 크게 4번 꼽을 수 있습니다. 흔히들 16세기의 종교개혁과 프랑스 대혁명이 '자유의 정신'을 매개로 서로 인과관계를 형성한다고 오해하는데, 사실 이 두 사건은 전혀 다른 성격을 지니고 있습니다. 왜냐하면, 이 사건들은 서로 유신론 대 무신론, 신본주의 대 인본주의라는 정반대의 사상을 기조로 삼기 때문입니다.

물론 프랑스 혁명의 정신에는 절대 왕정 체제의 구습을 폐하고, 자유로운 시민사회를 건설하고자 하는 민주적 의도가 포함되었지만, 그보다 더 큰 목적은 인간을 신으로부터 해방하고, 하나님의 자리를 인간의 주권으로 대체하는 것이었습니다. 이에 비해 칼빈주의 4대 혁명은 그야말로 사회 각계각층에서 종교의 자유와 표현의 자유를 쟁취하고자 노력한 진정한 시민운동이었다고 할 수 있습니다. 겉보기에는 똑같은 '자유'처럼 보이지만, 프랑스 혁명은

---

12 아브라함 카이퍼, 『아브라함 카이퍼의 정치 강령』, 2018.

'유신론으로부터의 자유'를 추구했고, 칼빈주의 혁명은 '무신론으로부터의 자유'를 구했습니다.

이러한 이유로, 칼빈주의 혁명은 끊임없이 예배의 자유, 표현의 자유, 언론의 자유를 주장하는 반면, 프랑스 혁명은 신의 자리에 인간을 올려놓기 위한 노력에 매진하였습니다. 칼빈주의 혁명의 결실이라고 할 수 있는 '미국 독립 선언문'[13]에는 연신 '자연의 법칙'과 '신의 법칙'이라는 말이 나옵니다. 그 내용을 보면 다음과 같습니다.

> "인간사의 진행 과정에서 한 국민이 자기들을 타자에게 얽매이게 하는 정치적 속박을 해체하고, 그리하여 스스로 지상의 열강들에 끼어 자연의 법칙과 신의 법칙에 따른 독립적이고 평등한 위치를 차지하는 것이 필요하게 될 때는 인류의 의견들을 예절 있게 존중하면서 자신들이 독립하지 않을 수 없는 이유를 선언해야만 한다."

---

13 1775년 4월에 시작된 대영제국과 아메리카 식민지들 사이의 전쟁이 계속되면서 화해 전망이 사라지고 완전 독립이 식민지들의 목표가 되었다. 1776년 6월 7일 대륙의회 회의 석상에서 버지니아의 리처드 헨리가 "식민지들은 자유롭고 독립된 주가 되어야 할 권리가 있다"라는 결의문을 상정했다. 이어 6월 10일 독립선언문을 마련하기 위해 한 위원회가 임명되었다. 초안 작성은 토마스 제퍼슨에게 위촉되었다. 7월 4일 선언문이 채택되어 서명과 비준을 받기 위해 13개 주의 각 입법부로 보내졌다. 이 선언문은 세 부분으로 구성된다. 첫 부분은 민주주의와 자유에 관한 정치철학의 심오하고도 웅변적인 성명이고, 둘째 부분은 조지 3세가 미국의 자유 사항들을 전복시켰음을 증명하기 위한 구체적인 불만들을 진술했고, 그리고 셋째 부분은 독립과 독립정책에 대한 지지를 다짐하는 엄숙한 성명이다.

이 독립 선언문에는 이어서 '양도할 수 없는 권리'라는 개념이 등장합니다.

"우리는 다음과 같은 것들을 자명한 진리로 믿는 바, 즉 모든 사람은 평등하게 창조된다는 것, 그들은 창조주로부터 양도할 수 없는 일정한 권리를 부여 받는다는 것, 그리고 이에는 생명, 자유 및 행복의 추구 등이 포함된다는 것, 이러한 권리를 확보하기 위해 인간들 사이에 정부들이 수립되며, 이들의 정당한 권력은 피치자의 동의에 연유한다는 것, 어떠한 형태의 정부라도 그러한 목적들을 파괴하는 것이 될 때는 그 정부를 바꾸거나 없애버려 새 정부를 수립하되, 인민들에게 자신들의 안전과 행복을 가장 잘 이룩할 수 있을 만한 원칙에 의해 그 토대를 마련하고 또 그런 형태 하에 권력을 조직하는 것이 인민의 권리라는 것 등이다."

이처럼 칼빈주의 사상을 배경으로 하는 미국 독립 선언문에는 '자연법과 하나님의 법', '창조주'의 권위를 시인하고 정부를 조직하는 이유도 '생명, 자유, 행복 추구권'을 보호하기 위한 것임을 명시합니다. 즉 미국의 독립 선언문은 인간보다 하나님을 먼저 앞세우고 언급한다는 것입니다.

이에 반하여 프랑스 혁명은 첫머리에서 "모든 권력은 국민으로부터 나온다"로 시작합니다. 하나님의 자리에 사람이 대신 들어가 있는 것입니다. 그래서 아브라함 카이퍼는 "칼빈주의의 무릎은 하나님을 향해 꿇어 있고, 머리는 인본주의를 향해 대적하고 있다"라고 말하면서, "기독교의 동지는 프랑스가 아니고 미국, 그중에서도 미국의 공화당"임을 강조합니다. 카이퍼의 지적처럼 프랑스 대혁명 이후 기독교는 사람에게 굽신거리기 시작했다고 해도 과언이 아닐 것입니다. 칼빈주의와 미국 청교도의 가치는 절대적 가치와 진리를 추구하는 반면에, 프랑스 혁명은 상대주의를 추구하며 모든 원칙과 가치는 언제든지 변개될 수 있는 가변성을 지닌다고 주장합니다.[14]

아브라함 카이퍼의 영역주권 사상

아브라함 카이퍼의 영역주권(領域主權, Souvereiniteit in eigen King)은 칼빈주의 국가관을 이해하는 데 지름길이자 핵심입니다. 영역주권이란 말은 언뜻 보기에 이해하기 어려워 보일 수 있으나 카이퍼가 그것을 선포하게 된 배경을 알면 이해하기 쉽습니다.

카이퍼는 1880년 '쁘라야(자유) 대학교'를 설립하고 총장 취임

---

14 ① 정성구, 『아브라함 카이퍼의 사상과 삶』, 킹덤북스, 2010.
② 우리나라 헌법 1조 1항 역시 그러한 프랑스 혁명의 영향을 받은 인본주의적인 헌법의 성격을 띠고 있다. 그런데 안타깝게도 인본주의와 상대주의는 대중의 필요와 의견을 존중한다는 미명하에 포퓰리즘에 취약해질 우려가 있다는 단점을 지니고 있다.

연설에서 영역주권 사상을 선포합니다. 그런데 이것은 서구 유럽 전역에 폭탄선언을 한 것이나 다름없는 것이었습니다. 왜냐하면, 카이퍼의 자유 대학교는 당시 유럽 전역에 만연한 무신론과 인본주의 사상에 맞서기 위해 '칼빈주의적 세계관'을 바탕으로 설립한 학교였기 때문입니다.[15] 이와 같은 카이퍼의 자유대학교 설립 취지를 배경으로 영역주권 사상의 내용을 간단히 소개하면 다음과 같습니다.

카이퍼는 "사회 모든 영역의 주권은 '국가나 국민의 절대 주권'이 아닌, '창조주의 절대 의지'에 그 기초를 둔다"라고 주장하였습니다.[16] 또한, 하나님의 주권은 사람들의 삶을 각각 고유한 주권을 갖는 영역으로 나눈다고 보았습니다.[17]

이처럼 인간 사회는 '국가적 영역'과 '사회적 영역'의 두 가지 영역으로 나눌 수 있는데, 한 국가는 정부와 공공기관 등 공적 영역 외에 경제, 사회, 교육, 문화, 예술, 의료 등 정부의 공권력과 교권으로부터 자유로운 영역이 있다고 카이퍼는 주장합니다. 이

---

15 정성구, 『아브라함 카이퍼의 사상과 삶』, 2010.

16 창조주의 절대 의지는 미국의 독립 선언서에서 중시하는 가치이면서 프랑스 혁명의 정신과 대조되는 가치이기도 하다.

17 아브라함 카이퍼, 『인간의 모든 삶에 미치는 하나님의 주권』, 박태현 역, 다함, 2020, 123~129.: '영역주권'은 아마도 카이퍼의 작품들 가운데 가장 어려운 글인 동시에 가장 도전적이고 독창적인 글입니다. (중략) 동시에 18세기 계몽주의 이후로 인본주의 세계관이 사회의 모든 영역에 침투해 기독교 신앙마저 부정하고 상대화시킨 시대에 오직 성경에 확고한 기초를 두고 16세기 제네바의 종교개혁자 존 칼빈의 역사적 개혁주의 토대 위에 굳게 서서 하나님의 영광과 주권을 높이는 성경적 사상을 담대하게 선포했기 때문에 가장 도전적이고 독창적이라고 할 수 있습니다.

영역들은 각각 독자적이면서도 유기적으로 운용되는 고유한 특징을 가지고 있고, 국가의 주권이 침해하지 못하며 침해해서도 안 되는 각각의 영역주권이 있다는 것입니다.

영역주권이 중요한 이유는 바로 이 부분입니다. 인간 삶의 다양한 영역은 각각 고유한 영역이 있으나, 하나의 영역이 다른 영역을 침해할 우려가 있으므로, 국가는 특별한 권위를 가지고 다양한 영역들이 공의의 경계선 안에 머물도록 조정하는 역할을 해야 합니다. 동시에 국가는 각각의 영역 안에서 집단에 의해 개인이 피해를 받지 않도록 보호하는 역할도 해야 합니다. 이처럼 국가가 가진 권세는 명령권과 강제력을 갖는 탁월한 권세임에도 불구하고 각각의 영역 안에서는 적용되지 않습니다. 왜냐하면, 각각의 영역이 갖는 주권은 국가와 상관없이 오직 하나님께서 주신 권위이며, 다만 국가는 이 권위를 승인할 뿐이기 때문입니다.[18] 이 점이 바로 아브라함 카이퍼가 말하는 영역주권의 핵심입니다.

예를 들어, 어떤 지방자치단체의 장이 해당 지역의 신학교 교수를 불러서 강의 내용에 가타부타 개입한다면 그것은 아브라함 카이퍼의 영역주권 교리에 정면으로 어긋나는 처사입니다. 사회의 각 분야는 저마다 고유한 실력을 갖춘 전문가들에 의해서 자율적

---

18 아브라함 카이퍼, 『인간의 모든 삶에 미치는 하나님의 주권』, 126.

으로 운용되는 또 하나의 유기체와 같은 것입니다.[19] 그러므로 국가는 이들에 과하게 개입하지 않고, 서로의 영역을 지켜주는 역할만 하면 되는 것입니다.

대광고등학교 사건: '법인'의 자유 침해

대광고등학교는 서울특별시 동대문구 신설동에 위치한 자율형 사립고등학교이자, 기독교 학교입니다. 이 학교에는 채플 규정이 있었는데, 2004년 당시 고3이었던 한 학생이 "학교에서 종교교육과 예배를 강제하는 것은 헌법의 정신을 위배한 것"이라고 주장하며 예배 참석을 거부하고, 종교의 자유를 요구하는 단식 농성을 벌였습니다. 그로부터 촉발된 이른바 '학교에서 종교의 자유' 문제에 대한 법적공방은 대법원까지 이어졌고, 5년이라는 지난(持難)한 싸움 끝에 그 학생은 학교 측을 상대로 한 소송에서 승소하였습니다. 언뜻 보기에 이것은 학교법인이 개인의 자유를 침해한 사건으로 보이지만, 사실은 그렇지 않습니다.

카이퍼의 영역주권 관점에서 이 사건의 성격은 크게 두 가지로 나눌 수 있습니다. 바로 국가에 의한 '법인의 영역주권 침해'와 '개인의 자유 침해'입니다. 여기서 반드시 기억해야 할 것은 이 두 가지 침해가 모두 '국가에 의해' 이루어졌다는 것입니다.

---

19 사회의 각 분야를 유기체로 비유한 것은 카이퍼의 표현임.

평소 종교가 없던 그 학생은 평준화 정책에 따른 학교 강제 배정으로 대광고등학교에 입학했습니다. 대광고는 설립 당시부터 기독교 정신에 의해 교육할 것을 천명하였고, 줄곧 흔들림 없이 기독교 교육에 정진하여 사회에 많은 인재를 배출한 명문고로 자리 잡았습니다. 학생들도 학교 선택권이 있었으므로 이런 방침에 동의하지 않는 학생은 대광고를 선택하지 않을 자유가 있었습니다.

그러나 1974년부터 시행된 교육 평준화 정책으로, 대광고등학교는 학교의 의지와는 상관없이 기독교 교육을 원하지 않는 학생들도 받아들일 수밖에 없었고, 급기야 이러한 사건이 터지고 만 것입니다. 그러므로 이 문제는 전적으로 사립학교의 설립 정신을 무시하고 학생을 일방적으로 배정한 것이 문제였다고 할 수 있습니다. 이에 대광고등학교는 2011년 자립형 사립고로 전환하고 '법인의 자유'를 침해받지 않기 위해 정부의 지원을 받지 않기로 결정하였습니다.

국가는 사회의 다른 영역을 위해 존재한다

카이퍼의 요점은 국가도 주권과 공권력의 한계를 정해야 한다는 것입니다. 그는 국가가 자신을 위한 것이 아니라 다른 영역을 위해서 존재한다고 하였습니다. 그러므로 국가가 학문을 포함한 다른 영역에 대해서 과도한 개입을 해서는 안 된다는 것입니다.

국가의 통치권은 개인을 보호해주고 가시적인 영역에서 상호 간의 관계를 분명히 해주는 역할이라고 하였습니다.[20]

카이퍼는 학문의 영역이 지식과 진리로 운용되는 독자적이고 유기적인 생존 영역을 창조하기에 기독교 학교는 자신의 '자유권'을 주장할 수 있다고 합니다. 더 나아가 그는 기독교 학교를 위한 성도들의 자발적인 헌금과 후원이 필요함을 역설했습니다.[21] 이처럼 국민에게는 국가가 권세자이듯, 사회의 각 영역은 그 분야에서 탁월한 은사를 내재적으로 받은 사람이 권위자가 되어 그 분야를 자율적이면서도 독자적으로 운용하는 것입니다.

또한, 아브라함 카이퍼는 영역주권의 핵심이라고 할 수 있는 '개인의 재산권'에 대해서도 언급합니다. 그는 "국가는 여러분의 주머니의 돈을 함부로 가져갈 수 없습니다. 그러므로 세금 많이 걷으려고 하는 사람은 선거에서 떨어뜨려야 합니다"라고까지 하였습니다. 만약 길을 가다가 수상한 자를 만나서 돈을 빼앗기면 경찰에 신고하고 추적해서 그 돈을 찾고자 노력하지만, 국가에 낸 고액의 세금에 대해서는 대부분 직접 이의를 제기하지 못합니다. 하지만 앞서 언급한 바와 같이 국가의 기원은 자신을 위한 것이 아니라 다른 영역을 위한 것이었다는 점, 국가의 공권력은 개인을 보호하고

---

20 정성구, 『아브라함 카이퍼의 사상과 삶』, 265.
21 정성구, 『아브라함 카이퍼의 사상과 삶』, 266.

악을 통제하는 것이었다는 점을 생각하면 국가의 과도한 증세와 복지 증대는 칼빈주의적 국가관과 맞지 않는 것임을 알 수 있습니다. 그러므로 칼빈주의 국가관을 이해한 유권자는 눈앞에 있는 사적 이익에 따라 투표하는 자들이 아니며, 칼빈주의 국가관을 따르는 정치인은 세금을 줄이고 그와 함께 무분별한 무상복지(무분별한 보편복지)를 줄이고 선별복지가 최선임을 솔직하게 말할 수 있어야 합니다. 또한 기업체에 대한 공권력의 과도한 간섭이 있을 시 칼빈주의자들은 카이퍼의 영역주권에 의거하여 '법인'의 자유를 주장할 수 있어야 합니다.

칼빈주의는 끊임없이 자유를 추구한다

많은 기독교 교파 중에서 오직 칼빈주의자들만 종교의 자유를 역설하였습니다. 이에 반해 가톨릭교회는 종교에 대한 인간의 자기 결정권이 없고 출생과 동시에 가톨릭 신자가 됩니다. 이것은 비단 개인뿐만 아니라 국가도 마찬가지입니다. 한번 가톨릭 국가는 영원히 가톨릭 국가이고, 국가에도 역시 선택의 자유는 주어지지 않습니다. 그래서 가톨릭교회는 참다운 종교의 자유를 누릴 여지가 없습니다.

그런데 종교의 자유가 허락되지 않는 교파는 가톨릭교회뿐만 아닙니다. 독일의 루터 교회는 각 지역의 성주(城主)가 교회의 지도자가 되는데, 성주 아래 예속된 거주민은 자유롭게 종파를 선택할 수 없고 오직 루터 교회에서만 신앙생활을 할 수 있습니다. 종교개혁의 선구자인 루터의 가르침을 따르겠다고 하는 교파에서 오히려 종교의 자유와 양심의 자유, 표현의 자유가 없어진 것입니다. 이것을 피하여 칼빈주의자들이 도피처로 선택한 곳이 바로 네덜란드입니다. 당시 네덜란드는 칼빈주의가 흥왕하였을 뿐만 아니라, 다른 교파, 즉 루터파와 아르미니우스, 심지어 가톨릭도 모두 다 존중해 주는 자유가 있는 나라였기 때문입니다.

다시 말해, 기독교 교파 중에서 유일하게 자유를 존중하는 것은 칼빈주의 밖에 없습니다. 다른 종교는 원칙상 종교 선택의 자유를 허락하지 않으며, 한 사람이 태어나자마자 부모의 종교를 따라 자녀의 종교도 결정됩니다. 로마 가톨릭, 루터파, 불교, 힌두교가 국교인 나라를 보시면 잘 알 수 있겠지만, 유독 칼빈주의 기독교가 존재할 수 있는 나라에서만 다른 종교가 혼재(混在)할 수 있습니다. 심지어 사이비나 이단조차, 자유를 중시하는 칼빈주의 국가에서는 다 허용됩니다. 이처럼 칼빈주의는 자유의 가치를 목숨보다 더 중요한 가치로 여기며, 세계 모든 자유주의 국가의 헌법에서 보장하고 있는 언론, 표현, 종교, 양심의 자유 가치 역시 다 칼빈주의에서 나온 것입니다.[22] 이러한 칼빈주의는 처음 스위스에서 시작하

---

22 막스 베버, 『프로테스탄티즘의 윤리와 자본주의 정신』, 김덕영 역, 길, 2010,

여, 핍박을 피해 네덜란드로 넘어갔고, 그다음 영국과 스코틀랜드를 거쳐 미국까지 확산되었습니다. 이 나라들이 바로 칼빈주의와 자유를 최고 가치로 삼는 나라들이었습니다. 바꾸어 말하면 자유주의를 추구하지 않는 나라는 진정한 칼빈주의 국가라고 할 수 없다는 것입니다.

칼비니즘(Calvinism)의 윤리와 자유시장 정신

공교롭게도 이 네 개의 국가, 즉 네덜란드, 영국, 미국, 스코틀랜드는 칼빈주의뿐만 아니라 자본주의가 가장 활발히 꽃피운 나라이기도 합니다. 자유의 가치를 중시하는 칼빈주의는 자유경쟁 시장을 추구하는 자본주의와 공존할 수 있기 때문입니다. 반면에, 사회주의는 '유토피아적 이상국가'를 건설하기 위해서 개인이 전체를 위해 자유를 포기할 수 있음을 전제하기 때문에, 칼빈주의와 자본주의의 적이 될 수밖에 없습니다. 사실 자본주의라는 말은 독일의 공산주의 창시자인 마르크스가 애덤 스미스의 자유시장경제(自由市場經濟, market economy)를 비난하는 과정에서 생긴 용어였습니다.[23] 따라서 자본주의의 원래 이름은 자유시장경제였던 것입니다.[24] 일부

---

23 칼 마르크스, 『경제학·철학 초고/자본론/공산당선언/철학의 빈곤』, 김문현 역, 동서문화사, 1994. 『국부론』에는 시장경제라고 표현되었으나 이해를 돕기 위해 앞에 '자유'를 붙임.
24 애덤 스미스, 『국부론』, 유인호 역, 동서문화사, 2008, 1007~1057.
    에이먼 버틀러, 『애덤 스미스의 도덕감정론 및 국부론 요약』, 이성규 역, 율곡출판사, 2018.

교계 인사들이 "한국교회는 자본주의가 침투해 있다"라는 말을 종
종 하는데, 그것은 잘못된 표현입니다. 많은 사람이 자본주의를 물
질주의 혹은 배금주의와 혼동하거나, 천민자본주의와 혼동하기도
합니다.[25] 하지만 이 둘은 명확히 다른 대상을 지칭하며, 다른 개념
을 의미하는 용어들입니다. 국부론의 저자이자 자유시장주의의 아
버지인 애덤 스미스는 스코틀랜드에 칼빈주의가 흥왕할 때 등장한
신학자이자 경제학자입니다. 자유의 가치를 중시하는 칼빈주의와
자본주의는 서로 명맥을 같이 할 수밖에 없던 것입니다.

반면에, 사회주의를 지지하고 마르크스와 그의 사상을 계승한
자들은 대부분 영미권 국가와 기독교를 혐오합니다. 공산주의의
창시자인 칼 마르크스는 그의 저서인 『헤겔 법철학 비판』에서, "종
교는 인민의 아편이다"라고 하였습니다. 이것은 종교(특히 기독교)가
현실을 바꾸는 대안이 되지 못한다는 그의 주장을 내포하는 말입
니다. 마르크스에게 종교는 노동자로 하여금 현실의 고통을 감내
하게 하고 부르주아의 착취에 대한 분노마저 일소하게 만들어, 혁
명의 과업을 완수하는 데 막대한 지장을 주는 훼방꾼 같은 존재가
됩니다.[26] 그래서 일각에서는 마르크스가 굳이 진통제가 아닌 '아
편'이라는 단어를 사용하여 종교를 비하한 것이라고 주장하는 사

---

25 막스 베버, 『프로테스탄트 윤리와 자본주의 정신: 금욕과 탐욕 속에 숨겨진 역사적 진
    실』, 김상희 역, 풀빛, 2006.
26 칼 마르크스, 『헤겔 법철학 비판』, 강유원 역, 이론과 실천, 2011, 7-30.

람들도 있습니다.

내일의 열매를 위해 오늘 땀 흘린다

사실 자본주의의 핵심은 "내일의 영광을 위해서 오늘 수고와 땀을 아끼지 않는 정신"입니다. 그것이 교육이든, 경제이든, 과학이든, 예술 분야이든 어떤 분야이든지 간에 개인이 각자 자유롭게 성취하고자 하는 목표를 이루기 위해 땀 흘려 일하고, 게으름과 욕망을 절제하는 정신이 바로 자본주의의 기초가 되는 것입니다. 고객에게 더 나은 만족을 제공하기 위해 부단히 노력하는 기업가 정신 역시, 자본주의 체제 안에서만 구현이 가능한 것도 개인의 자유를 존중하는 자본주의 정신에 부합한 것이기 때문입니다. 또한 이두 가지 정신은 종교의 자유가 허용되고, 칼빈주의 개신교를 자유롭게 선택할 수 있는 국가에서만 볼 수 있는 정신입니다.

그런데 안타깝게도 현대사회는 이 두 가지 정신을 가볍게 여기거나 적대시하는 풍조가 만연해 있습니다. 자본주의의 기업가 정신을 탐욕과 혼동하고 악으로 매도하거나, 의도적으로 천민자본주의를 시장경제와 혼용하여 자본주의를 흑화하기도 합니다. 하지만 우리가 잊지 않고 기억해야 할 사실은 청교도주의가 시작된 나라에서 애덤 스미스의 자유주의 경제학이 시작되었고, 칼빈주의가 흥왕한 곳에서 자유시장경제도 꽃을 피웠다는 것입니다.

아마도 자유시장경제는 하나님이 인류에게 선물하신 복이나 다름 없을 것입니다. 가까운 예로 구소련과 미국, 북한과 남한을 보시면 칼빈주의와 자유시장주의가 얼마나 소중한 것인지 잘 알 수 있습니다.

20세기에 마르크스의 정신을 계승한 공산주의 국가들에서 기독교에 대한 탄압과 대량 학살이 이루어진 사실은,[27] 우리에게 시사하는 바가 매우 큽니다. 그러므로 그리스도인은 사회주의와 자본주의의 차이를 명확히 알기 위해 고전을 공부하고, 권세자 중에 마르크스의 무신론 사상과 반기독교 사상[28]을 계승한 경우가 있는

---

27 윌리엄 테일러 외, 『박해와 순교 1: 현대 선교 현장의 박해와 순교 이야기』, 김동화 역, 기독 교문서선교회, 2011, 66, 160, 217, 261.

28 칼 마르크스, 프리드리히 엥겔스, 『공산주의 선언』, 김태호 역, 박종철출판사, 1998, 36.:
    1. 토지 소유의 몰수(폐지)와 지대(地代)의 국가 경비로의 전용(全用)
    2. 고율의 누진세(누진 소득세)
    3. 상속권의 폐지
    4. 모든 망명자들과 반역자들의 재산 압류
    5. 국가 자본과 배타적 독점을 가진 국립 은행을 통한 국가 수중으로의 신용의 집중
    6. 수송제도(통신 및 교통수단)의 국가 수준으로의 집중
    7. 국영 공장과 생산 도구들의 증대, 공동 계획에 따른 토지의 개간과 개량
    8. 모두에게 동등한 노동 강제, 산업군대, 특히 농경을 위한 산업군대의 설립
    9. 농업 경영과 공업 경영의 결합, 도시와 농촌 간 차이 제거를 위한 점차적인 노력(전국에 걸친 인구의 더 균등한 배분을 통한, 도시와 농촌 간 차이 제거를 위한 점차적인 노력)
    10. 모든 아동의 공공 무상교육, 오늘날과 같은 형태의 아동 공장 노동의 폐지, 교육과 물질 적 생산의 결합 등.
    발전이 경과 하면서 계급 차이들이 사라지고 모든 생산이 연합된 개인(전국에 걸친 방대한 연합체)들의 수중에 집중되면 공공의 권력은 그 정치적 성격을 상실하게 될 것이다. 본래의 의미에서의 정치 권력이란 다른 계급을 억압하기 위한 한 계급의 조직된 힘이다. 만일 프롤 레타리아트가 부르주아지에 대항하는 투쟁에서 필연적으로 계급으로 단결하고, 혁명을 통해 스스로 지배 계급이 되고, 지배 계급으로서 낡은 생산 관계들을 폭력적으로 폐지하게 된다면 프롤레타리아트는 이 생산 관계들과 아울러 계급 대립의 존립 조건들과 계급 일반을 폐지하게 될 것이며, 그럼으로써 계급으로서의 자기 자신의 지배도 폐지하게 될 것이다. 계 급과 계급의 대립이 있었던 낡은 부르주아 사회의 자리에 각자 자유로운 발전이 모두의 자 유로운 발전의 조건이 되는 연합체가 들어선다.

지 면밀하게 관찰할 필요가 있습니다. 또한, 우리의 무지로 인해서 부지불식간에 그들에게 투표권을 행사하는 일이 없어야 할 것입니다.

청교도 신앙으로 무장한 교회개척과 목회방식을 배우며
실천적인 교회개혁을 목적으로 창립된 청교도목사회에
뜻있는 분들의 동참을 기다립니다!

[주요 사업]

❖ 아카데미 : 청교도 목회자 양성
❖ 세 미 나 : 청교도 주요 이슈 강의
❖ 강의내용 : 기독교 세계관(영적전쟁)
　　　　　　 개혁주의
　　　　　　 청교도
❖ 컨퍼런스 : 청교도 전파 및 청목회 홍보

카　페 : https://cafe.naver.com/sopp9191
연락처 : 010-2553-7512 (담당 : 김균필 목사)